AF607494

OLIMPO

R. R. Ayala

Mitos y leyendas de los Mayas

· Mitología e historia ·

R. R. Ayala

Mitos y leyendas de los Mayas

MITOS Y LEYENDAS DE LOS MAYAS

© Olmak Trade S.L., 2024

Edita: Olmak Trade S.L.
C/ Roca Plana 1
08110 - Montcada i Reixac
Barcelona (España)

www.olmaktrade.com
info@olmaktrade.com

Impreso en España / Printed in Spain

Queda rigurosamente prohibida, sin la autorización escrita de los titulares del «Copyright», bajo las sanciones establecidas en las leyes, la reproducción parcial o total de esta obra por cualquier medio o procedimiento, comprendidos la reprografía y el tratamiento informático, y la distribución de ejemplares de ella mediante alquiler o préstamo públicos.

I.S.B.N: 978-84-16827-33-6
Depósito Legal: B 22582-2024

INTRODUCCIÓN

La raza maya no ha desaparecido, ni mucho menos, puesto que en la actualidad suma unos dos millones de individuos, constituyendo el bloque más sólido de indios americanos al norte del Perú.

En conjunto, los mayas han resistido con admirable tenacidad las tentaciones de la civilización hispano-americana. Además de su número y de su integridad cultural, los mayas son notables por su extraordinaria cohesión. Al contrario que la mayoría de tribus diseminadas por México y Centroamérica, los mayas se han confinado en conjunto, con una sola excepción, a una zona única que incluye la península del Yucatán, Guatemala, Honduras británica, partes de los Estados mexicanos de Tabasco y Chiapas, junto con las partes occidentales de Honduras y El Salvador.

Esta homogeneidad en medio de una ingente cantidad de lenguas y pueblos, testimonia cierta falta de interés por parte de los antiguos mayas acerca de una expansión militar, y su relativa seguridad respecto a ser invadidos por otros grupos nativos.

En muy pocos lugares del mundo se encuentra una compenetración tan perfecta entre cultura y lenguaje. Sin embargo sería un error pensar que esa raza vivía en una especie de vacío. De su inmenso territorio, la frontera norte coincidía aproximadamente con los límites del campo agrario aborigen de México, la meseta situada más allá, casi yerma; al sudoeste, la frontera maya corría desde el Caribe al Pacífico a través de lo que son ahora Honduras y El Salvador, separando así a los civilizados mayas de otras tribus más simples y con un lenguaje diferente.

El Imperio de los mayas, por consiguiente, tuvo su desarrollo en esa zona indicada de la América Central. En la época de sus triunfos bélicos, la raza maya, después de haber culminado su conocimiento del ser humano e incluso de su espíritu, experimentó el impulso perentorio de propagar por toda la tierra las verdades reveladas a ellos, según creían, por el Ser Supremo, pero fue precisamente entonces cuando sus dotes de creación empezaron a disminuir, al verse en la triste necesidad de apresar esclavos o conquistar nuevos territorios en donde cosechar el maíz tan necesario para su alimentación.

Por tanto, fue entonces cuando los guerreros mayas salieron de sus fronteras y se diseminaron por la actual Nicaragua, cuyos habitantes afirman descender directamente de la antigua raza maya.

Más tarde, cuando el Imperio maya no era ya más que un simple recuerdo, algunas de sus tribus marcharon al norte y llegaron a la región de los huastecas, en la comarca septentrional de Veracruz, donde todo lo perdieron, incluyendo en ese «todo» su idioma ancestral, si bien conservando el espíritu de sus gloriosos antepasados.

Sin embargo, el ciclo evolutivo del pueblo maya se desenvolvió exclusivamente en la zona señalada. Después de cada incursión, el pueblo maya volvía a su territorio del que había partido, como se ve en el «Popol Vuh», la trágica epopeya del pueblo maya-quiché, que es el único documento que conocemos hoy día, y es digno de crédito, pese a no ser más que un conjunto de creencias, leyendas y tradiciones antiquísimas, compilado después de la conquista española.

GOLFO DE MÉJICO
Yucatán
Mayapán
Chinchén Itzá
Cobá
Uxmal
Tulum
Jaina
Labná
Kabah
Sayil
Quintana Roo
Chenes
Campeche
MAR CARIBE
R. Usumacinta
R. Hondo
Calakmul
Tabasco
Honduras británica
Yaloch
Palenque
Tikal
Naranjo
Piedras Negras
Lago Petén
Yaxchilán
Zinacantlan
Bonampak
Tamarandito
La Amelia
Seibal
Chiapas
Dos Pilas
Aguateca
R. Pasión
Chincultic
R. Sarstoon
R. Motagua
Chama
Ratinlixul
Quiriguá
GUATEMALA
HONDURAS
Copán
Kaminaljuyu
EL SALVADOR
OCÉANO PACÍFICO

Primera Parte

LOS MAYAS, UN PUEBLO EXCEPCIONAL

LOS PRIMITIVOS MAYAS

El ya mencionado Popol Vuh, la gran epopeya épica de los Quiché-Maya, cuenta que los primeros dioses, Tepeu y Gucumatz, formaron la tierra de un vacío acuoso, poblándola de plantas y animales. Ansiosos de ser venerados y adorados después de esa creación, los divinos progenitores modelaron a los hombres con barro, aunque éstos volvieron al barro. A continuación, apareció una raza de figuras de madera, pero también esos maniquíes fueron destruidos por los dioses, siendo acto seguido sustituidos por hombres de carne y hueso.

Sin embargo, éstos se convirtieron en seres malvados que fueron aniquilados cuando un gran diluvio de agua barrió toda la tierra. Finalmente, los verdaderos hombres, los antepasados de los quichés, fueron creados con harina de maíz.

Lo cierto, empero, es que ninguna tradición, y todavía menos la arqueología, ha podido arrojar mucha luz sobre el origen de los mayas. Los recuerdos tribales son escasos y la combinación de una vegetación abundante y unas condiciones geológicas poco favorables ha dificultado todas las investigaciones realizadas hasta el momento actual.

La gran familia de los mayas

A la gran familia de los mayas, por sus afinidades lingüísticas, hay que dividirla en los grupos:

—tzental (que comprende los chontales, los tzentales propiamente dichos, los tzotziles o quelenes, chañabales, choles, chortis y mopanes);

—poconchi (que abarca a los poconchi propiamente dichos, los quekchis y los pocomanes);

—quiché (que abarcaba los quichés o utlatecas, los uspantecas, los cakchiqueles y los tzutuhiles);

—mame (en el que se incluyen los mames, los aguatecas y los íxiles);

—maya propiamente dichos;

—itzae;

—lacandon.

Algunos opinan que los antiguos toltecas de México eran de raza maya y, hasta cierto punto, esto queda demostrado puesto que en todas las tradiciones mayas predomina una leyenda semejante a la de los toltecas.

Así, el Popol Vuh atribuye la creación del hombre a Tepeu-Gucumatz, equivalente a Quetzalcoatl y a otras divinidades inferiores. Según los cakchiquees el hombre fue creado en Tulán, muy al Oeste de su actual residencia, adonde llegaron por mar.

Por su parte, los tzentales tienen por héroe a Votán (obsérvese la semejanza de este héroe con el dios de los vikingos, Wotan[1]),

1. Wotan u Odín: primero de los dioses escandinavos. Es el dios de la guerra, la sabiduría y la poesía. Puede adoptar toda clase de figuras de animales. La pasión de Odín en la que el dios se hiere a sí mismo y permanece durante nueve días con sus nueve noches colgado de un árbol, agitado por el viento, parece ser un rito rejuvenecedor. En la mitología germánica: es un dios irreal, no creó el mundo pero dispone del mismo gobernándolo. Guía y protege a los héroes, les otorga maravillosas armas, les enseña el arte y los libra de las guerras en caso necesario, asistiéndolos en este último caso, parando las flechas de los enemigos. Al llegar un guerrero a la vejez procura que muera combatiendo y no en el lecho. Finalmente, protege la organización social, venga los asesinatos, evita el odio y disipa los malos pensamientos. A Odín también se le conoce como «padre de todas las cosas».

llegado también por mar a la laguna de Términos y cuyos rasgos, descritos por el español Ordóñez, recuerdan extrañamente a los de Quetzalcoatl; en uno de sus viajes visitó Votán la morada subterránea de las 13 serpientes. Fundó el reino de Na-chán, que fue tal vez el centro de un vasto imperio de civilización muy especial, de la que luego surgieron los mayas, los tzentales y los quichés, entre otras razas.

En otro orden de cosas, las tradiciones de los mayas del Yucatán se refieren a dos emigraciones, una del Sudoeste, y otra del Sudeste, esta última fabulosa y conducida por Zamna, que fundó Mayapán y repartió la tierra entre sus señores o cocomes.

Ese Zamna o Itzamna no fue un personaje histórico sino un dios, y Landa manifiesta que el fundador de Mayapán fue Cuculcán, o Kukulkan, al que identifica con Quetzalcoatl, como lo demuestra que ambos nombres signifiquen lo mismo. Cuculcán venía de México y también fundó la población de Chichén Itza.

Cazadores primitivos

Sólo es posible suponer cuando tuvo lugar el primer asentamiento maya. La colonización inicial del Nuevo Mundo se debió a los pueblos asiáticos que cruzaron el Estrecho de Bering a finales del plioceno o en la época de los glaciares. En el noveno milenio a. C., los primeros indios ya habían ocupado la tierra correspondiente al Estrecho de Magallanes, en la punta más austral de Sudamérica, por lo que cabe suponer que los cazadores primitivos ya habían ocupado esa zona americana que podía ser habitada. Tanto en América del Sur como del Norte vivían grandes manadas de herbívoros, como mamuts, caballos, camellos y búfalos gigantes.

Se han localizado en Estados Unidos, Canadá y Alaska varios restos de campamentos pertenecientes a una época muy antigua y relativos a una cultura primitiva que los arqueólogos llaman Clovis y se retrotrae a unos doce mil años atrás. Si hemos de confiar en los lugares en los que se han descubierto signos de matanzas, la gente Clovis del sudoeste de América debió alimentarse principalmente a base de carne de mamut, aunque también debieron contentarse con platos menos delicados.

Cazador maya matando a un venado

Cazaban a esos paquidermos con dardos arrojados desde cierta distancia. Los puntos de caza clovis se hallaban ampliamente distribuidos desde Alaska a Nueva Escocia, bajando por México a Centroamérica. Se han encontrado restos incluso en Costa Rica y Panamá.

EL AUGE DE LA CIVILIZACIÓN MAYA

Se ha formulado un gran número de teorías contradictorias acerca del auge de la civilización maya. Una de tales teorías sostiene que los primitivos mayas cayeron bajo la influencia de viajeros de lugares tan distantes como las costas chinas, pero resulta interesante subrayar que en los territorios ocupados por los mayas no se ha encontrado objeto alguno fabricado en el Mundo Antiguo, identificado como perteneciente a esa raza sudamericana y que, desde los tiempos de las teorías de Stephens y Catherwood relativas a un contacto transpacífico o transatlántico, ninguna ha superado el análisis científico.

Otra escuela de pensamiento afirma que debido al bajo rendimiento agrícola del Petén y Yucatán, la civilización llegó a las tierras bajas procedente de una zona poseedora de una ecología más favorable.

Otros todavía aseguran que ese potencial agrícola quedó gravemente dañado y que la cultura maya del conocido Período Clásico es totalmente «sui generis», sin rastro alguno de influencias foráneas.

En realidad, todas estas opiniones y teorías han quedado desfasadas y, al menos en parte, eran erróneas. Lo cierto es que tanto los mayas de la tierras bajas como los de las tierras altas nunca estuvieron aislados del resto de Centroamérica, y que las influencias mexicanas sólo guiaron esporádicamente el curso de la historia cultural de los mayas desde los tiempos más primitivos, como es fácil demostrar.

En efecto, todas las civilizaciones son únicas en sí mismas. La cultura maya clásica de las tierras bajas poseía un calendario muy elaborado, junto con la escritura, los templos piramidales, los palacios de piedra caliza con cámaras abovedadas; trazados de arquitectura que destacan los edificios dispuestos en forma de plazoletas, con hileras de estelas de piedra colocadas frente a algunos; cerámica polícroma; y un sofisticado estilo artístico en bajorrelieves y pinturas murales. Todo esto, según sabemos hoy día, se desarrolló en el período Formativo posterior (300 a. C. - 150 d. C.) y el período Protoclásico (d. C. 150 - 300).

EL ANTIGUO IMPERIO DE LOS MAYAS

El Imperio antiguo de los mayas se cree tuvo su desarrollo en una zona de América Central, que en los tiempos modernos comprende Guatemala, cuna de la estirpe; el altiplano occidental de Honduras; una ínfima parte de El Salvador septentrional limitando con Guatemala; Bélice, más conocido como Honduras británica; la península del Yucatán; el estado mexicano de Chiapas, cubierto de selva tropical, que con la de El Petén guatemalteco forma una sola selva; y la zona meridional de Tabasco, el Estado mexicano por donde discurren los grandes ríos tropicales a su desembocadura, hacia el Golfo de México.

En los tiempos de la gloria guerrera, cuando el pueblo maya, tras haber escalado todas las cumbres accesibles al saber humano, sintió la trágica e inevitable misión de extender por el mundo la verdad que retenía, que le había sido revelada por su Dios, empezó a declinar su capacidad creadora, y fue entonces cuando, espoleados por necesidades materiales como la captura de esclavos o la conquista de nuevas tierras en las que cultivar el maíz, base de su alimentación.

En aquellos tiempos los ejércitos mayas salieron de sus confines, extendiéndose por el moderno estado de Nicaragua, cuyos habitantes pretenden hoy descender de la raza maya.

Más adelante, cuando el Imperio no era ya más que un recuerdo, algunas tribus se dirigieron al norte, llegando a la región de los huastecas, en la parte septentrional del Estado mexicano de Veracruz, donde lo perdieron todo, incluso su idioma, conservando sólo el espíritu de los antiguos antepasados.

El ciclo evolutivo del pueblo maya, no obstante, se desenvolvió por completo en la zona que hemos precisado. Después de cada aventura, el pueblo maya regresaba invariablemente al territorio del que había partido, como da fe de ello la dramática epopeya de los maya-quiché, el «Popol Vuh», único documento legado a la posteridad digno de fe, aunque solamente se trate de un resultado mnemotécnico de antiguas creencias, leyendas y tradiciones, redactado después de la conquista española.

Por ciclo evolutivo se entiende, obviamente, lo que tuvo su iniciación cuando los antepasados de los mayas se convirtieron en sedentarios, por haber descubierto el arte de la agricultura, o cuando su mente se abrió hasta comprender la relación existente entre causa y efecto, que es la ley fundamental de la Naturaleza.

De la primera fase de la vida del pueblo maya, la nómada, se ignora todo, aparte de que resurgió en la última época glacial, cuando sus remotos antepasados abandonaron Asia y durante siglos fueron trasladándose al continente americano.

Algunos historiadores afirman que los progenitores de los mayas vagaron durante varios siglos a través del inmenso valle del Mississippi, de donde se vieron arrojados por el avance de los hielos.

Negados a la navegación, pues los mayas siempre tuvieron un sagrado terror al mar, siguieron hacia el sur el itinerario que pasaba por México, hasta llegar a las «tierras ardientes», o sea la zona volcánica de América Central, donde el fuego que surgía del corazón de la tierra logró la supervivencia de algún número de seres humanos en el período glacial.

Entonces, viéndose en la necesidad de ello, los mayas se cambiaron de nómadas en sedentarios. Por dos veces las leyendas mayas recuerdan esta profunda transformación, que fue el origen de las sucesivas y admirables evoluciones. El «Popol Vuh» cuenta que Dios creó al hombre cuatro veces: la primera de barro, que la lluvia disolvió; la segunda de arcilla; la tercera de madera, y la cuarta, la perfecta, de maíz.

Para destruir al hombre de arcilla y al de madera, Dios se valió del agua y el fuego. Y para que fuera eterno el castigo del hombre de madera, estableció que para hacer crecer el maíz fuese necesario derribar los árboles y quemarlos, costumbre que aún hoy día es seguida fielmente, por la «sagrada milpa», el campo de maíz o maizal.

Se trata de una transformación del bosque, en el que se talan los árboles quemándolos en vísperas de la estación de las lluvias.

La creación del «hombre de maíz» coincidió con el descubrimiento del arte de la agricultura, que la leyenda simboliza con la separación de la cabeza de uno de los divinos hermanos que muere, cierto, pero con una muerte aparente, porque de la misma cabeza nace el primer hombre, progenitor de todos los mayas.

Sacrificios humanos con flechas.

El sacrificio de seres humanos

La leyenda recuerda asimismo que un día, mientras marchaba para regresar a las «tierras ardientes», el pueblo de los maya-quiché perdió el fuego. En torno todo estaba helado y la gente moría de frío, hambre y sed, porque los hielos habían congelado las aguas, agostando las tierras. Entonces, los jefes y los chamanes se reunieron en asamblea para decidir quién debía ser enviado en vanguardia para buscar el fuego y para interrogar a los dioses sobre lo que era preciso efectuar para encontrarlo y obtenerlo de nuevo.

Mientras se hallaban enzarzados en esta discusión, se presentó ante ellos un extranjero sin que nadie supiera de dónde había surgido.

—Yo puedo daros el fuego al instante —les dijo—, mas con una condición: cada vez que os lo exija me sacrificaréis una vida humana.

No necesitaron todos los reunidos preguntar quién era el forastero. Tenía que ser el Creador, toda vez que era capaz de hacer surgir fuego de la nada. Por consiguiente, los jefes y los chamanes inclinaron la cabeza ante tan extraña petición y de repente prendió la llama de un magnífico fuego, con el que el pueblo maya-quiché estuvo a salvo, pero con la dramática represalia del sacrificio humano.

Un sacrificio más reciente

El dios Nima Kumatz vivía en el fondo de los cráteres volcánicos, como dios de la Verdad, porque para los mayas la verdad era lo que ellos creían, y las creencias siempre son el punto de partida de todos los actos, incluso los inconscientes.

Uno de los últimos casos de sacrificio humano registrado en nuestros tiempos en Guatemala, objeto de un proceso penal, tuvo lugar en las laderas del volcán Santa María, en la zona de Quezaltenango.

Un grupo de jóvenes, guiados por un maestro, había subido de excursión al Santa María, cuya cumbre está a más de 3800 metros. Era el 1 de mayo y justamente debajo del cráter, los jóvenes ladinos, enseñados por jesuitas, hallaron un altar pagano cubierto de flores, con un pequeño ídolo y una cruz maya.

Con seguridad se trataba de un preparativo hecho por los brujos locales para celebrar el Día de la Cruz, el 3 de mayo, festividad católica que los paganos respetan por motivos que nada tienen que ver con la Crucifixión de Jesucrito, sino porque los brujos conversan con el arcángel Gabriel, patrón de la lluvia.

Los muhachos destruyeron el altar pagano y regresaron a su colegio de Quezaltenango, sin saber bien lo que acababan de ejecutar. Pero el brujo principal de la zona, que en las actas del proceso figura con el nombre de Ventura Coyoy, que en la época del suceso contaba ya ochenta años de edad, reunió a todos los hechiceros que reconocían su autoridad, en el lugar sagrado llamado «Pie del Volcán», en las paredes norte del volcán, que oficialmente se denomina San Antonio Llano del Pinal.

Ventura Coyoy afirmó que el dios Culebrón estaba muy ofendido y que era necesario aplacarlo mediante un sacrificio humano y, después de largos debates alternados con ritos especiales para interpretar la voluntad de los dioses (por ejemplo, se decapita un pollo y se estudia la dispersión y la disposición de las gotas de sangre del degüello), se decidió el sacrificio, cuyas víctimas serían los primeros extranjeros que llegaran a la zona.

Al domingo siguiente, dos turistas alemanes, llamados respectivamente Claudio Bornholt y Otto Kress, guiados por el ladino Antonio Camey, dos porteadores indígenas y otros dos guías, los hermanos Patrocinio y Tránsito Rojas, de la tribu de los mames, ascendieron al volcán Santa María en plan de excursión.

Aquella noche, los excursionistas plantaron sus tiendas casi debajo del cráter y se dispusieron a pasar allí la noche, pues ambos alemanes deseaban aprovechar el orto del Sol para fotografiar la zona circundante y levantar un mapa topográfico.

A medianoche, el campamento fue asaltado por un grupo de brujos y hechiceros bajo el mando de Ventura Coyoy. La reconstrucción de los hechos ante los jueces no fue fácil y es posible que toda la verdad no salga nunca a la luz, ya que en sus declaraciones, los dos guías indios se contradijeron varias veces, se retractaron y al final se les dejó en paz, porque el presidente de la sala comprendió que, totalmente despavoridos, se habrían dejado matar antes que traicionar a los sacerdotes del gran dios Culebrón.

Bornholt y Camey tenían el corazón atravesado por sendos proyectiles, cuando al fin fueron encontrados. Seguramente murieron en el acto, mientras dormían. Otto Krees y los dos porteadores indios, pertenecientes a otra tribu no emparentada con los mames, y quizá con unas gotas de sangre blanca en las venas, fueron atados y sometidos a tortura con hachas, mazas y aguijones de hierro. Para que sus chillidos no perturbaran la ceremonia, los brujos les metieron en la boca una naranja; al final, los desdichados fueron arrastrados hasta la antigua piedra del sacrificio, donde les arrancaron el cuero cabelludo, para después acuchillarlos bajo la última costilla del lado izquierdo con el fin de arrancarles el corazón, palpitante todavía, que fue arrojado al cráter del volcán, con el propósito de aplacar la cólera del gran dios Culebrón.

Las actas del proceso registran pasmosas declaraciones. Un testigo de la defensa, una gran hechicera de la región, cuyo nombre en las actas es el de María Gregoria López, de la tribu de los mames, declaró que el sacrificio era necesario para la defensa de la comunidad, porque unos extranjeros no identificados, unos días antes, habían arrojado un cadáver al cráter para provocar una epidemia de viruela en la comarca. Añadió tranquilamente que tres víctimas no hubieran sido suficientes porque la magia negra llevada a cabo por los extranjeros había irritado grandemente al dios del Fuego, que habitaba en el volcán.

Otro testigo, también de la defensa, dijo que Ventura Coyoy era un ser inmortal porque nadie sabía dónde había nacido, y su conocimiento de los dioses era excesivamente grande para un ser humano.

Contó también que un día, el anciano brujo había invocado al dios Culebrón, y que éste salió del cráter. Todo el monte había temblado y él mismo (el testigo) había visto surgir la cabeza del reptil, antes de caer desmayado por la emoción.

Agregó qye era necesario sacrificar a los extranjeros.

Ventura Coyoy y los demás brujos, convictos del asesinato de los alemanes y sus acompañantes, fueron ejecutados en Quezaltenango. Pero unas semanas más tarde estalló una verdadera epidemia de viruela y desde entonces, Ventura Coyoy es venerado como un gran dios.

Por lo visto, en la comarca se le adora a través de una imagen de San Jerónimo, truco muy antiguo de los paganos, que para escapar a las represalias de lossacerdotes católicos, o sea a la pena de muerte destinada a los herejes, se apresuraron a poner en sus altares imágenes del culto cristiano para poder llevar a cabo, sin riesgos, sus misteriosos ritos.

La epidemia de viruela creó en toda la comarca del Altiplano occidental una situación muy peligrosa, hasta el punto de que el gobierno de Guatemala juzgó necesario enviar tropas de refuerzo, cuidando de que entre los soldados no hubiese indios mames.

Las tribus reaccionaron de forma diferente, retirándose hacia las altas cumbres de la cadena de los Cuchumatanes, esperando el final de la epidemia. Dos médicos enviados a vacunar a los indios fueron hallados muertos, sin saberse jamás quiénes fueron sus asesinos.

Queda claro el hecho de que nunca como entonces se elevaron sobre las cimas de las montañas tantas columnas de humo hacia el cielo, y que jamás se sintió el perfume de tanta resina olorosa, a fin de llamar la atención de los dioses hacia los pobres mortales.

Al matar a Ventura Coyoy, la misma autoridad asestó un severo golpe al gobierno, ignorante de los errores hijos de sus propias culpas, por juzgar a los mayas con la medida de una ley desconocida para los encartados y repudiada por la totalidad de los mayas.

A pesar de que hoy día los indios mayas ya poseen sus cultos propios, y poco se sabe sobre la mitología del pueblo maya, los centenares de altares paganos existentes, y sus costumbres ancestrales, revelan una vida espiritual que está muy lejos de hallarse en estado de extinción.

LA RELIGIÓN DE LOS MAYAS

Antes de seguir adelante es forzoso decir unas palabras acerca de la religión de los antiguos mayas. Y no cabe dudar de que una de las religiones más importantes que se cimentaron en el continente americano fue la de los mayas. Según algunos expertos, éstos poseían cuatro dioses principales o Bacabs, correspondientes a los cuatro puntos cardinales y a los días que comienzan alternativamente el año en cada cuatrienio. Probablemente creían en un gran dios creador, conservador y bienhechor, que quizá corresponda al Nohochacyunt o abuelo de los lacandones. Nacido de dos flores, la chacnicte y la zacnite, se hallaba por encima de los demás dioses y en lucha continua con Hapikern, un dios malvado, encarnado en forma de serpiente, que al fin del mundo ha de ser vencido.

Hoy día, Nohochacyunt se llama Nohochyumchac, y es solamente uno más entre los espíritus del cielo más elevado que ejecutan la voluntad de otro dios más superior, tomado seguramente de una religión aún más antigua.

Nohochacyunt tiene tres hermanos, Jautho, Usukun y Uyitzin, y junto a cllos se venera a la diosa madre Akna, correspondiente a la antigua Izchel y esposa de Chichacchob o Akanchob.

Después de estas divinidades surge el nombre de Itzamna, cuyo culto tenía su centro en Itzamal, donde había dos templos principales erigidos en las dos pirámides mayores de la población, en los que se ofrecían presentes y sacrificios.

Itzamna se hallaba estrechamente relacionado con el dios del Sol y estaba asociado a otros dioses menores, entre los cuales se contaba el dios del maíz. Incluso se le adoraba como hijo del Sol.

Itzamna pasaba por dios o héroe civilizador, inventor, entre otras cosas, del arte de dibujar y de la escultura jeroglífica, lo que obliga a pensar en Quetzalcoatl que los arqueólogos, en su mayoría, creen que fue un dios cósmico. A veces se le representaba como una mano roja. Asimismo, se le atribuía el poder de resucitar a los muertos.

Por esta razón era objeto de un gran culto en su ciudad, Itzamal. Se le ofrecían abundantes limosnas y presentes, y a dicha ciudad se dirigían numerosas peregrinaciones todos los años, en el transcurso de las cuales se sacrificaban ingentes cantidades de ardillas en honor del dios, ofreciéndosele también ricas telas, que a no dudar servían para confeccionar los atuendos sacerdotales.

A cambio de todo esto, Itzamna aseguraba la fertilidad de los maizales y la abundancia de agua.

Con el nombre de Cuculcán, los maya-quiché adoraban en Guatemala a una divinidad simbolizada por una serpiente con plumas, de la que trataremos más adelante. Sus ondulaciones representaban las ondas del agua, del aire y, en general, de las misteriosas fuerzas del Universo. A propósito de esta serpiente-pájaro discurría la siguiente leyenda:

> «En cierta ocasión, Cuculcán llegó del Oeste con diecinueve compañeros, de los cuales dos eran dioses de los peces, otros dos lo eran de la agrivultura, y uno más dios del trueno. Permanecieron diez años en el Yucatán, donde Cuculcán estableció unas leyes sabias y prudentes. Luego, se emvbarcó y desapareció hacia donde el Sol se levanta.
>
> «Se conoce, además, los nombres, pero solamentge los nombres, de las otras divinidades: Acat, Unab-kus, Chin…»

El simbolismo queda muy claro, interpretándolo como sigue: seres con un grado de cultura superior acudieron a ese lugar retrasado para enseñar a sus habitantes las más elementales leyes de la subsistencia.

Los dioses de los peces serían los maestros de la pesca, y los demás serían los de la agricultura y de otras labores.

El hecho de que la leyenda indique incluso el tiempo exacto que estuvieron en el lugar, ofrece mayor verosimilitud al relato.

Los mayas, lo mismo que los aztecas, creíanen las cuatro eras sucesivas terminbadas por cataclismos. La anterior a la actual habría acabado con un diluvio. Bien, la forma quichés de esta leyenda se conoce gracias al libro sagrado Popol Vuh, sinónimo de Biblia para el pueblo maya.

Un tercer templo estaba dedicado a Kinich-Kakmo (ara del fuego solar), hipóstasis de Itzamna. El culto de Cuculkán parece haber salido de Chichén-Itzá y se extendió por todas partes hasta la destrucción de Mayapán con la caída de los cocomes, para reducirse luego a la provincia de Mani, a cuya capital acudían numerosos peregrinos.

Durante la celebración de la principal de estas ceremonias se reunían todos los personajes de importancia y los sacerdotes de Mani con una muchedumbre de gente preparada con ayunos y abstinencias. Por la tarde salían en procesión con gran número de comediantes de la mansión del príncipe y avanzaban lentamente hasta el templo de Cuculkán, donde oraban, veneraban a sus ídolos, hacían renovación del fuego sagrado y realizaban abundantes obluciones de carne, mientras los que habían ayunado pasaban cinco días con sus noches en fervorosa oración, quemando copal y ejecutando danzas sagradas. Esta era la llamada fiesta del Chic-kabán.

Los modernos mayas conservan el recuerdo de Cuculkán en forma alterada y con el nombre de Ququikán, representándolo como una serpiente policéfala, que de cuando en cuando desciende a la Tierra. Junto a estas divinidades principales había una serie de dioses o espíritus más o menos poderosos:

Kin, el Sol;

Ik, el viento;

Chac, la lluvia; y otros de menor categoría.

El más importante de los ritos yucatecas era el sacrificio que se celebraba en grandes festejos y circunstancias excepcionales, en los que se ofrecían generalmente animales, y a veces hombres, degollados sobre una piedra semejante al texcal azteca.

Las víctimas, que solían ser esclavos comprados por los sacerdotes o niños regalados por los fieles, eran desnudadas, pintadas de azul y coronadas con una especie de mitra. Colocadas sobre la piedra, los ritos diferían según que hubiera que matarlas a flechazos o sacándoles el corazón.

En el primer caso, los ayudantes del verdugo bailaban ante la víctima y le iban disparando las flechas al corazón en blanco pintado sobre la piel. Después arrojaban el cadáver por las gradas del templo para ser cortado a pedazos y repartidos éstos entre los jefes y los sumos sacerdotes, quienes los devoraban ansiosamente. En Chichén-Itzá se echaba a las víctimas a un profundo pozo.

Los antiguos mayas se extraían sangre de diversos puntos del cuerpo, especialmente del miembro viril, de las orejas y la lengua.

Un bajorrelieve de Menche representa a un devoto que pasa por un agujero abierto en su lengua un cordel adornado con puntas.

Asimismo, eran ritos propiciatorios las fumigaciones de copal y tabaco. Cuando un maya violaba su moral religiosa confesaba su pecado a un sacerdote o a un pariente. Los mayas eran, en general, enterrados en su casa con la boca llena de maíz molido o «koyem», y al lado unas piedrecitas que servían de moneda, estatuas de dioses y objetos propios de su oficio.

A los acaudalados se les incineraba con ritos diferentes, según la tribu: los cocomes, por ejemplo, cortaban la cabeza a los difuntos, aserraban la nuca y rellenaban la parte anterior con una especie de masilla, colocándolos y venerándolos en sus adoratorios.

Además de las fiestas de los dioses tenían otras fijadas en el calendario, a las que se preparaban con ayunos. Cinco días antes de la primera fiesta del año, la del mes Pop (julio), se quedaban en casa sin lavarse ni peinarse, en tanto las mujeres no podían dedicarse a trabajos serviles.

Algunas fiestas eran fijas y otras variaban de acuerdo con las indicaciones astrológicas, sin que cayesen jamás en días nefastos.

Los ídolos eran de piedra o arcilla, y en la actualidad sólo se conservan algunos de los primeros. Las funciones religiosas las desempeñaban ciertos sacerdotes, todos ellos llamados «balam».

Los sacerdotes más respetados, una especie de chamanes, eran los «chilan», que llevaban una vida muy austera y se dedicaban a la adivinación. En una de sus profecías se habla de un dios cuyo nombre se predicará y de un señor de la tierra que llegará al país, en lo que se ha querido ver una alusión a los conquistadores españoles y al cristianismo.

Todas las clases sacerdotales obedecían a un sumo pontífice, apellidado «Ahkin-may», residente en Mayapán, y cuyo cargo era hereditario.

Proliferaban también numerosos hechiceros, profetas, augures y médicos con un carácter semi-sagrado.

COSMOGONÍA DE GUATEMALA

Resulta asaz curioso pero, al parecer, toda la mitología de la zona guatemalteca, ocupada por los maya-quichés, apareció después del último diluvio universal y contempla batallas enconadas entre dioses y gigantes.

Se adoraba al Sol y a la Luna, cuyas divinidades, Hun-Ahpu-Vuch y Hun-Ahpu-Mtry (abuelo y abuela) respectivamente, eran representados en forma humana pero con hocico de tapir, el animal sagrado por excelencia. Su hijo Gucumatz (la serpiente emplumada) era el dios agricultor y civilizador, y poseía el don de metamorfosearse en el animal que le convenía, y habitaba en el cielo o en el infierno, según el caso y la ocasión.

No obstante, existía otro dios más poderoso, puesto que el propio Gucumatz le veneraba, llamado Hurakan, también conocido en las Antillas.

Este era el dios de las tormentas y las tempestades. Era él quien había dado el fuego a los maya-quichés, frotando sus dos sandalias entre sí.

La cosmogonía de los quichés era singular, como se ve en la siguiente leyenda:

«Al principio todo estaba bajo el agua y por arriba planeaban Huracan y Gucumatz, los que dan la vida. Estos dijeron:

»—¡Tierra!

»Y al momento la Tierra fue creada.

»Los montes surgieron del agua, con gran contento de Gucumatz, que felicitó a Huracan y se felicitó a sí mismo.

»La tierra se cubrió de vegetación, sus creadores la poblaron de animales y les obligaron a rendirles homenaje. Los animales, incapaces de hablar, rugieron, gruñeron, chillaron y se desgañitaron, mas pese a todo no se hicieron comprender.

Los dioses, para castigarles por su torpeza, decidieron que serían matados y comidos. Luego, hicieron hombres de arcilla que no podían mover la cabeza, hablar ni entender. Después de celebrar consejo, los dos dioses optaron por fabricar cuatro hombres de maíz amarillo y blanco. Pero al encontrarlos demasiado perfectos les acortaron la vista. Después, mientras ellos dormían, crearon cuatro mujeres. Unos y otras fueron, pues, los antepasados de la raza quiché. Sin embargo, esas criaturas se quejaron de no ver con claridad, pues el Sol todavía no había aparecido, y partieron hacia Tullán, donde adquirieron la gratitud de los dioses.

»Como allí hacía mucho frío, recibieron el fuego de Tohil (Huracan), y como el Sol no aparecía, la tierra continuaba estando húmeda y fría.

»Las lenguas, por otra parte, se habían dividido y los cuatro antepasados no se entendían entre sí. Entonces, conducidos por Tohil abandonaron Tullán y llegaron al país quiché. Allí, por fin, apareció el Sol, al que no tardaron en seguir la Luna y las Estrellas, los animales y los seres humanos. Todos alborozados, entonaron un himno y ofrecieron a los dioses la sangre de sus ovejas y de sus propias espaldas.

»Más adelante, pensaron que sería mejor verter la sangre de sus víctimas, de sus enemigos.»

El análisis de esta leyenda resulta fascinante, pues no hay en ella nada que no esté confirmado por otras tradiciones o creencias de América y de otros continentes.

En primer lugar, la idea de que al principio todo estaba bajo el agua, sitúa la acción inmediatamente después del Gran Diluvio, o aporta una hermosa imagen de lo que era el «caos» bíblico del que se habla en los primeros capítulos del Génesis.

Luego, aparecen los hombres y, a mayor abundamiento, van surgiendo el Sol, la Luna y las Estrellas. En efecto, aseguran los científicos que en el caso de un diluvio que inundara la tierra, el siguiente cataclismo lo produciría la misma evaporación del agua que, transformada en lodo, formaría una capa opaca en torno a todo el planeta.

Es evidente que en tal caso, quien estuviesde sobre la corteza terrestre solamente vería esa especie de manto oscuro, sin poder jamás observar el Sol ni la Luna, pues el barro suspendido se lo impediría.

Ahora bien, con el tiempo el barro se iría condensando y volvería a caer sobre la tierra, con lo que, aparentemente, los nacidos bajo ese manto, que no conocieran el firmamento por no haberlo entrevisto nunca, pensarían que el Sol y los demás astros acababan de formarse, todo lo cual coincide plenamente con lo que dicen otros credos, otras doctrinas, apoyados en textos considerados sagrados por sus fieles seguidores.

Incluso cabe suponer, que la capa de lodo no es sino la ignorancia de la raza humana en general (aunque esta leyenda sólo se refiera a la raza quiché) y que la desaparición de tal capa opaca constituye la venida de un ser superior, salvador de los esenciales valores de la humanidad, llámese el tal salvador, Buda, Visnú, Osiris o Jesús.

Por conguiente, esta leyenda guatemalteca obtiene, bajo esta consideración, un carácter universal.

UN VIAJE EXTRAORDINARIO

La tribu que dio origen a los mayas no efectuó sola el largo viaje desde Asia Central a América. Desde México, no obstante, y por razones que jamás podrán ser dilucidadas, afrontó sola el ignoto Sur, adentrándose por las escarpadas montañas, remontando el curso del río cuyo nombre actual es Selegua o Trapachillo, y superando la angosta garganta que los guatemaltecos y los mexicanos llaman Tapón. Entonces, ya superadas las tierras escasamente habitadas por los nahoas, los mayas encontraron la que iba a ser la patria de sus descendientes.

Naturalmente, no se ha hallado la prueba concreta que demuestre la hipótesis del extraordinario viaje. Hasta hace muy pocos años, se creía, a tenor de la Biblia, que el género humano poblaba la Tierra desde hacía muy pocos miles de años, por lo que la idea de que los seres humanos hubieran podido soportar y resistir la época glacial se consideraba como inverosímil.

Pero ahora sabemos que el hombre existía ya en tiempos tan remotos y, en consecuencia, tantas semejanzas entre la raza maya y las asiáticas han aportado un claro significado.

No hay que ser muy versado en antropología y etnología para establecer la analogía que aún hoy día existe entre los indios de raza maya y los pueblos asiáticos: baja estatura, ojos rasgados, pómulos pronunciados, apertura de la pelvis, que caracteriza su forma de andar, el color de la piel, la forma del cráneo, el cabello…

Ver trotar a un maya-quiché con una carga a la espalda, apuntalada principalmente con una faja que se apoya en la frente, es hallarse de repente en Japón para todo aquél que haya viajado por Extremo Oriente y América Central.

Ciertamente, también son evidentes las analogías culturales y espirituales, pero lo más importante es que los etnólogos han proporcionado la demostración irrefutable de que la evolución espiritual de todos los pueblos fue idéntica, pasando del animismo al monoteísmo y, finalmente, al escepticismo y la resignación de la condición humana, primera advertencia de la muerte, a través de un proceso materialista.

La hipótesis de que las poblaciones de América inmigraron por el Estrecho de Bering la sostienen diversos antropólogos ilustres, como el norteamericano Vihljanus Stefenson, quien está seguro de que los progenitores de los esquimales, pieles rojas, mayas e incluso incas y patagones, no pueden ser sino inmigrantes asiáticos.

Esta hipótesis es aceptada en parte por Paul Rivet que, no obstante, admite otras, entre las cuales el origen de la Atlántida, el continente sumergido, cuyo misterio planteado por Platón en el siglo IV a. C., aún permanece inviolable.

Actualmente, sin embargo, tal vez porque los norteamericanos convertidos en poderosos y acaudalados, buscan en el pasado sus cuarteles de nobleza, se acepta cada vez más la teoría de que el antropopiteco, hipotético eslabón intermedio entre el simio y el hombre, se transformó en ser humano en el continente americano hace once millones seiscientos cincuenta mil años.

Charles Darwin debe estar gozoso en su tumba de Westminster. Tanto más cuanto que los mayas están totalmente convencidos de haber sido creados directamente por su dios, sin concederle ninguna importancia a la fecha de tal creación.

Si a un maya se le pregunta cuándo fueron creados los mayas, siempre responde:

—Cuando Dios lo quiso.

En realidad, el misterio del origen del hombre está muy lejos de haber sido resuelto y la aceptación del dogma de la creación divina se halla tan lejos de ser una teoría fiable como todas las demás.

EL CICLO EVOLUTIVO DE LOS MAYAS

Los mayas hacen remontar el inicio de su historia a unos tres mil años a. C., Por su parte, Silvanus G. Morley, el sabio más autorizado sobre los antiguos mayas es propenso a aceptar aquella fecha como la más posible. Y como el comienzo de la desintegración maya lo han fijado los expertos hacia el año 1450 d. C., el ciclo evolutivo de los mayas comprende más de cuarenta y siete siglos, un vasto lapso de tiempo que puede confundir al ser humano con el concepto de la eternidad; en efecto, tan vasto y lejano que imposibilita la observación de este ciclo evolutivo, a no ser a grandes rasgos.

Los datos particulares y los diversos grados de subida y bajada de la evolución, de la involución y de la corrupción de la cultura y la civilización mayas no pueden establecerse ni, por consiguiente, ser indagados.

Pero la visión de conjunto, a tantos siglos de distancia, resulta perfecta porque no puede extraviarse entre los datos menores. Los primeros hombres que elevaron su mirada al firmamento, por ejemplo, vieron que la Luna era redonda, pero al género humano le costó miles, tal vez millones, de años llegar a saber que también lo es la Tierra.

Ciertamente, una visión más completa del ciclo evolutivo del pueblo maya se habría podido obtener mucho mejor si los conquistadores y los curas cristianos no se hubieran dedicado, de forma sistemática, a destruir todos los productos de la cultura maya que cayeron en sus manos, empezando por los cerebros más inteligentes y cultos de los mayas, sus sacerdotes y sus jefes.

Fue una iconoclastia completamente inútil y dañina, porque es imposible destruir el espíritu que alienta una cultura, una civilización. Los antiguos dioses todavía viven entre los descendientes de los mayas y aún guían su modo de pensar, sus esperanzas y su manera de vivir. Hacía siglos que los mayas habían llegado al monoteísmo y los ídolos eran solamente emanaciones del Creador, por cuya intercesión era posible que las fuerzas humanas se unieran a Él. Eran, en suma, intermediarios especializados en los diversos fenómenos que el hombre ha de afrontar durante su existencia, como la muerte y el huracán, las enfermedades y los seísmos. Esos intermediarios ejercían y todavía ejercen las mismas funciones que en el cristianismo se reserva a los santos.

Probablemente también, los mayas habían alcanzado alturas superiores a las nuestras, si no en religión sí al menos en filosofía, que en realidad es la religión de los inteligentes. Su mismo nombre lo pregona, ese nombre misterioso acerca de cuyo significado hubo discrepancia de opiniones, hasta que el descubrimiento en Copán de una divinidad que parecía haber surgido de la remota India védica, llevó a la consideración de que «maya» significa ilusión, o sea, como aclara el Isa-Upan, «el producto del vínculo material que durante la vida restringe el alma inmortal a considerar cosas distintas de su propia naturaleza, o sea este mundo de ilusiones, placeres y dolores».

Está claro que el período álgido de la cultura y la civilización maya había llegado a una filosofía excelsa. Es un hecho comprobado que los descendientes modernos de los antiguos mayas la respetan por su total desprecio a las riquezas terrenales, la total resignación a lo inevitable, la escasa o ninguna importancia que conceden a las leyes humanas y la absoluta sumisión a lo que llaman divino, es decir, la voluntad de su Creador.

El ciclo evolutivo de los mayas tuvo su principio, como ha ocurrido en todos los pueblos, con la comprensión de la ley de causa y efecto, cuando se dieron cuenta de que sembrando una semilla germinaba una planta, que haciendo el amor nacía un hijo, etcétera.

Este fue, con toda seguridad, el paso decisivo de la barbarie a la civilización, de la vida animal a la intelectual y espiritual destinada a separar para siempre al hombre de los animales.

Al mismo tiempo, el hombre maya aprendió a arrojar la piedra y a manejar la clava, y si hasta entonces siempre se había dejado dominar por el instinto que lo empujaba a huir de los animales más fuertes que él, ahora la chispa de inteligencia que animaba su cerebro le enseñó a dominarlos, a vencerlos, y finalmente, a subyugarlos.

Ebrio de poder, comenzó a creerse el rey del mundo. Pero hubo cosas que no consiguió vencer, contra las cuales no podía luchar, a las que denominó fuerzas de la Naturaleza: el viento, la lluvia, los volcanes y los terremotos y, por encima de todo, el dolor, el temor y la muerte.

Vio que existía una fuerza más poderosa que la suya que lo manejaba todo y entonces, tras un paréntesis de miles de años, nació en su mente la idea de Dios. Dios, por consiguiente, era la fuerza suprema ante la que el ser humano debía inclinarse, así como todas las cosas creadas debían rendirse ante el hombre.

Casi al unísono tuvo una vaga intuición de la inmortalidad, concebida como la material perpetuidad de la especie. Y así nació el culto fálico, conclusión de la primera fase evolutiva, producto de la desmesurada soberbia del hombre todavía primitivo, pero cuyo cerebro empezaba a abrirse al conocimiento, sintiéndose ya dueño del mundo.

LA TRIBU DE LOS LACANDONES

No es posible pasar por alto la tribu maya de los lacandones, los cuales se dividían en clanes totémicos, cada uno de los cuales adoraba a un animal o tótem determinado. La descendencia se efectuaba entre ellos por línea masculina, y así, el hijo recibía y transmitía el nombre totémico del padre. Eran exógamos y no se casaban con personas del mismo nombre, pues de lo contrario ambos cónyuges incurrían en una infamia. En la actualidad, la unidad social no es el clan sino la familia, cuyos miembros poseen una sola casa y cultivan en común unos acres de tierra. Los caminos que conducen a éstos siguen la brújula de los cuatro puntos cardinales.

Muerto el padre, los bienes pasaban a su primogénito y a la viuda (la costumbre sigue aún vigente) y, en su defecto, a los hermanos del difunto.

El sistema de nombres que usaban era bastante complicado. Por otra parte, todos los poderes estaban en manos del jefe del clan o familia, y a su muerte pasaban, junto con los bienes, a manos del primogénito, que tomaba el título de «yum», y cuyo principal deber era el cumplimiento de los ritos familiares.

Los crímenes eran perseguidos por el clan de la víctima, aunque casi siempre el asunto se zanjaba mediante una indemnización. En caso de adulterio, el amante quedaba a merced del marido ultrajado, que podía perdonarle, mientras la mujer no sufría más castigo que ser entregada al pueblo.

El atavío de estos mayas consistía en una especie de faja, uno de cuyos extremos caía por delante y el otro por detrás. Encima usaban un manto cuadrado, muy lujoso en los sacerdotes, quienes también llevaban la cabeza adornada con plumas de quetzal. La gente del pueblo llevaba el pelo largo, si bien con una especie de tonsura en medio y se lo trenzaban como guirnalda en torno al cráneo, en tanto formaban una coleta que les caía por detrás. Los lacandones se pintaban con frecuencia, se bañaban ritualmente y se deformaban a veces la cabeza, aunque poco en el Yucatán y mucho en Guatemala.

Las mujeres se cubrían con una especie de camisón largo y se untaban el cuerpo con un bálsamo perfumado.

Los lacandones y el canibalismo

Los etnólogos se preguntan siempre, a propósito de los lacandones, quiénes son, cómo viven, cuáles son sus creencias y sus hábitos. Prácticamente están de acuerdo tan sólo en que descienden directamente de los antiguos mayas, y a este respecto sería imposible cualquier discrepancia, puesto que los lacandones poseen unos rasgos idénticos a los de sus misteriosos antepasados, según los antiquísimos bajorrelieves.

Entre los motivos de discusión existe también el siguiente: que sean o no caníbales. No hay duda de que lo fueron en otros tiempos. Pero en la actualidad nadie les ha visto jamás comerse a un ser humano y, como documentación, sólo hay rumores por los que, al parecer, esta tribu salvaje se dedica al canibalismo sólo cuando se muere de hambre.

En general, los lacandones son medio nómadas, y en algunos casos se dedican a la agricultura. Viven de lo que produce la selva, pescan, cazan y se alimentan de tubérculos, raíces, miko y maíz silvestre. Incluso los pocos que cultivan el maíz, abandonan a menudo la milpa, bien porque las lluvias se retrasen o se adelanten, bien por ser a veces molestados por los lagarteros, cazadores de pieles de caimán, y es sabido que los lagarteros son los grandes enemigos de los lacandones.

En muchas ocasiones, cuando un grupo de lagarteros que trata de remontar un río en busca de caimanes, se acerca a un poblado lacandón, sus habitantes huyen apresuradamente, abandonando la eventual milpa.

Las chozas de los lacandones son extremadamente simples, constando en general de cuatro o cinco postes que sostienen una techumbre de guano muy espeso, impermeable, que cae por los costados hasta tocar el suelo. Algunas veces también construyen un cercado interno con cañas de bambú. Por tanto, para los lacandones abandonar el poblado e internarse en la selva no significa una gran molestia y, por supuesto, ello es inferior al peligro que para ellos representa un grupo de lagarteros.

Pero si el abandono del poblado coincide, por ejemplo, con la imprevista desaparición de la caza, con una sequía que agosta el mijo o el maíz silvestre, el hambre se apodera de los lacandones... y el hambre siempre trae el canibalismo.

Claro que en realidad, sería imprudente, y hasta equívoco, afirmar sin más que los lacandones practican hoy día el canibalismo.

LA NUMERACION MAYA

En la actualidad, en la población de Sololá la carretera se bifurca, a unos diez kilómetros de Panajachel, y siguiendo hacia el Oeste, va hacia el territorio de los mames y a México; girando al Norte, no obstante, no se tarda mucho en llegar a las tierras de los quichés, que en el siglo XVI, a la llegada de los conquistadores, constituían la tribu más poderosa del actual territorio guatemalteco.

Quiché, en casi todos los dialectos indios, significa muchos (qui) árboles (ché), o sea tierra cubierta de bosques. A pesar de haber sido

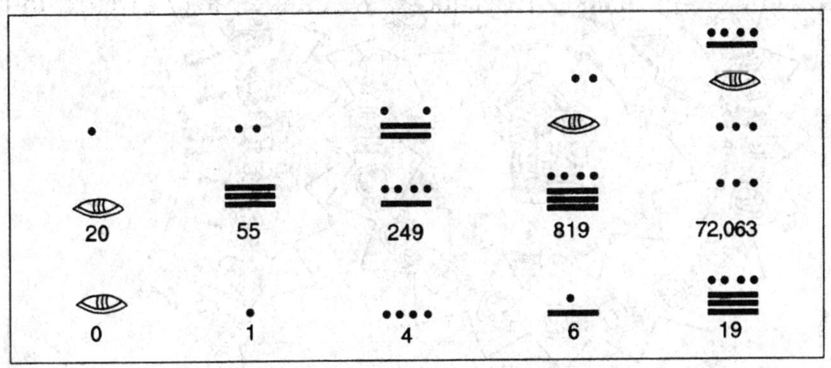

Ejemplo de la numeración Vigesimal maya.

el pueblo más castigado por los conquistadores españoles que no dejaron piedra sobre piedra de su capital, Utatlan, y el más perseguido, el pueblo quichées el que ha conservado mejor los sistemas ancestrales.

Por ejemplo, su modo de contar sigue siendo el de los tiempos del Imperio Maya, basado en los múltiplos de 20. Así, para decir 22 usan la frase «18 a 40» o sea un sistema que entre todos los pueblos de la Tierra, también fue adoptado por los vascos.

Dicho de otro modo, los maya-quiché poseían (y poseen) distintos vocablos del 1 al 20, y luego saltan al 40, 60, 80… adoptando para los números intermedios los del 1 al 19, pero empleándolos a la inversa: 19 a 40 por 21, 18 a 40 por 22, y así sucesivamente.

El sistema de contabilidad es vigesimal además de decimal, por lo que no existen las centenas (10 x 10) pero puede decirse 4 centenares (20 x 20). Los actuales mayas, para escribir los números, todavía se sirven de los antiquísimos signos, que solamente son dos: punto y raya. El punto corresponde al 1, y la raya al 5. En cuanto a

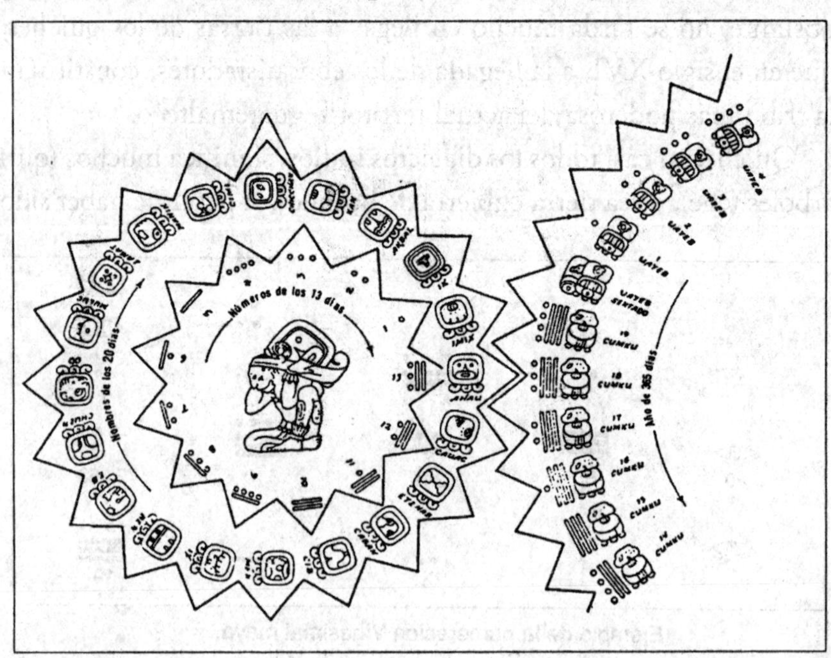

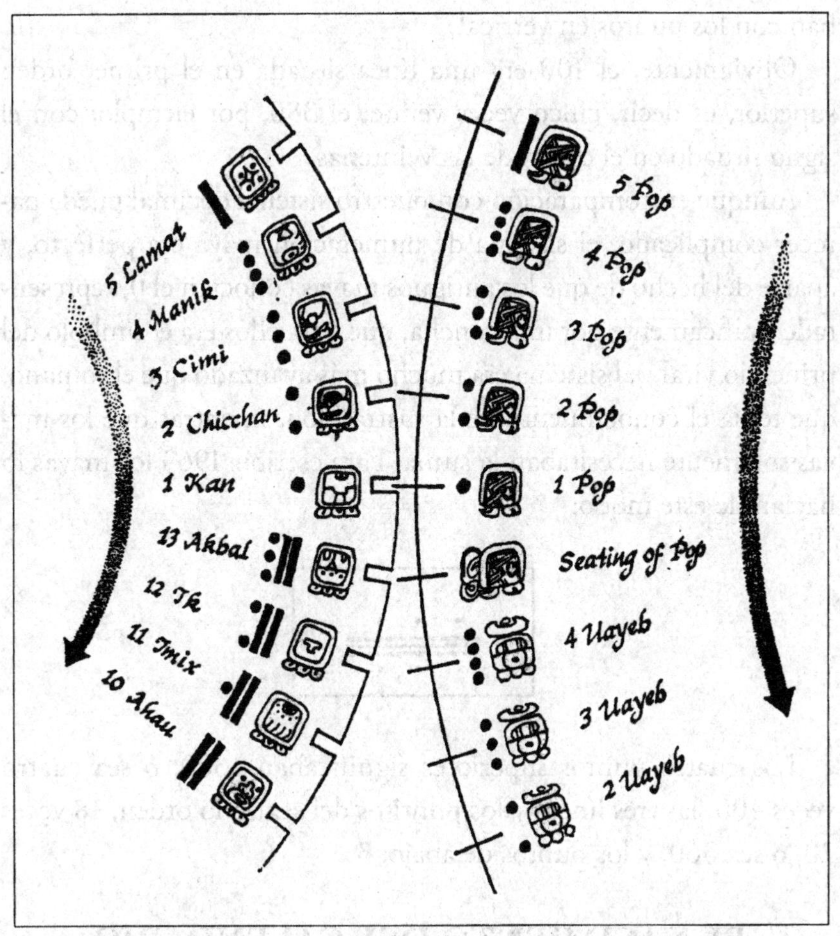

Representación esquemática de parte del Calendario redondo de 52 años

los múltiplos se obtienen con los mismos signos de orden superior.

Tal contabilidad era, por consiguiente, muy simple. Del 1 al 4 usaban puntos contiguos:. = 1;.. = 2,… = 3. El cinco era una línea continua: _; el 6 era una línea y un punto encima: _., y así sucesivamente hasta el 10, expresado con dos líneas largas superpuestas. Mediante este sistema se llegaba al 19, para el que se necesitaban tres líneas superpuestas y cuatro puntos encima.

El múltiplo 20 y sucesivos, o sea 400, 8.000, 160.000, se formaban con los puntos en vertical.

Obviamente, el 100 era una línea situada en el primer orden superior, es decir, cinco veces veinte; el 380, por ejemplo, con el signo situado en el orden de las veintenas.

Aunque en comparación con nuestro sistema decimal pueda parecer complicado, el sistema de numeración maya era perfecto, y aparte del hecho de que los antiguos mayas conocían el 0, representado gráficamente por una concha, que para ellos era el símbolo del principio vital, tal sistema era mucho más avanzado que el romano, que tenía el conocimiento de la sustracción, mientras que los mayas solamente necesitaban la suma. Para escribir 1963 los mayas lo hacían de este modo:

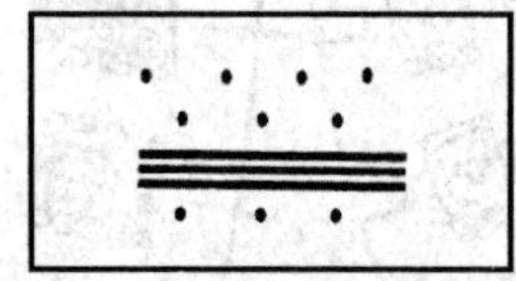

Los cuatro puntos superiores significaban 1600, o sea cuatro veces 400; las tres líneas y los puntitos del segundo orden, 18 veces 20, o sea 360, y los puntos de abajo, 3.

EL NACIMIENTO DEL CALENDARIO

Todas las culturas algo elevadas necesitan un sistema para fijar el paso del tiempo, para fijar los sucesos importantes, para guiar el año agrícola y ceremonial, y para conocer los movimientos celestes.

El Calendario Giratorio de cincuenta y dos años estaba presente entre todos los pueblos centroamericanos, incluyendo a los mayas, y presumiblemente era muy antiguo.

Consiste en dos ciclos permutantes. Uno es de 260 días, representando la intercalación de una secuencia de los números 1 a 13, con 20 días poseedores de nombre. Entre los mayas, la cuenta de 260 días (llamada a veces con el término «ersatz» «tzollein») empezaba con 1 Imix, seguido por 2 Ik, 3 Akbal, 4 Kan, hasta 13 Ben. El día siguiente era Ix, de nuevo con el coeficiente 1, que llevaba a 2 Men, y así sucesivamente. El último día del ciclo sería 13 Ahau, que se repetía nuevamente con 1 Imix.

Es un enigma de qué modo se llegó a ese período de tiempo, pero está claro su uso. Según los mayas, cada día poseía sus propios augurios y asociaciones, y la inexorable marcha de los veinte días actuaba como una especie de máquina adivinadora perpetua que dirigía los destinos de los mayas y de los demás pueblos de México. Todavía sobrevive sin cambio alguno en algunas comunidades aisladas del sur de México y de las tierras altas de los mayas, bajo la guía de los sacerdotes del calendario.

Los ciclos de este calendario son de 400 años (baktum), de 20 (katun) y de un año (tun). Como entre los mayas la religión y el cálculo del tiempo se hallaban íntimamente relacionados, tanto daba tener un calendario religioso como uno solar, este último vigente aún.

El año estaba cuadriculado en los «nueve grandes señores de la noche», cada uno de los cuales mandaba durante 40 días, mientras que los últimos 5 días del año no tenían ni patrón ni nombre definido, llamándose «Xma-Kaba-Kin», o sea «días sin nombre».

Los «nueve grandes señores de la noche» son los nueve dioses inferiores. El año religioso, en cambio, estaba regido por los «trece caballeros del Sol», o sea los trece dioses superiores, cada uno de los cuales regía durante veinte días; en conjunto 260 días, que era la duración del año sagrado.

Como los nombres de los meses, sacros y profanos, y de los días son, en el calendario maya, los de los dioses o espíritus que los rigen, parece lógico que también éstos hayan sobrevivido, lo cual es verdad entre los modernos quichés, que todavía adoran a los antiguos dioses, siendo por otra parte la magia la verdadera soberana en todos los actos de su existencia.

Además del calendario propiamente maya, se conocen los de los tzentales, los cakchiqueles y los quichés. El primero, al parecer, es casi idéntico al maya; los otros dos tienen también un mes de 20 días distintos, pero el sistema cronológico de los cakchiqueles se compone de dos períodos bien diferentes: uno para las operaciones de adivinación y astrología, y otro para los cálculos realmente cronológicos. Su año no consta de 365 días sino de 400. Se han hallado algunos sincronismos, fijando entre otras fechas la de la toma de Iximche, verificada en 1524.

EL LENGUAJE MAYA

No podría ser de otra manera cuando subsiste aún un lenguaje, especialmente tratándose de uno tan rico en expresiones, sin posible sustitutivo. Se han estudiado a fondo las lenguas mayas, y ya en 1690, fray Doménico de Basseta había confeccionado un diccionario quiché-español. A partir de entonces se vio que los idiomas quiché, cakchiquel y tzutujil tenían muchas raíces comunes, aun siendo diferentes. Es lo mismo que sucede con el castellano, el francés y el catalán, por ejemplo.

Pero lo que más asombró a los primeros investigadores lingüísticos fue la abundancia de vocablos y raíces, y que su precisión de expresión fuese muy superior a la de cualquier idioma moderno.

Baste considerar que, por ejemplo, al contestar «haré» se empleaban tres formas distintas, correspondiendo una a un verbo vago, expresando la segunda el concepto de «lo haré de inmediato», y la tercera a «lo haré mañana».

Aparte de cualquier otra consideración, una lengua tan perfecta y un sistema de cálculo tan elevado han de ser fruto de una cultura altamente desarrollada.

Es esta superioridad cultural, esta gran civilización, la que otorga a los quichés el derecho a considerarse el pueblo primogénito de la raza maya, el de más alto rango, y, por tanto, el heredero de las glorias pasadas.

Ese derecho es ferozmente combatido por los cakchiqueles, pero en cambio sigue en pie el hecho de que el Popol Vuh, el documento más importante de la tradición maya fue escrito en lengua quiché. Sólo fue redactado en lengua latina después de la ocupación española, si bien muchos etnólogos y expertos en cuestiones mayas, afirman que el primitivo Popol Vuh fue escrito en forma de jeroglíficos e ideogramas, forma destruida seguramente junto con otros muchos documentos, quemados en las plazas públicas por orden de los misioneros religiosos, sólo interesados en hacer desaparecer todo rastro del culto que ellos denominaban «pagano».

Existe, además, una leyenda según la cual fue en la tierra de los quichés donde Dios creó al hombre, y los demás indios mintieron al decir que el Paraíso Terrestre americano se halla en las cercanías de Santa Cruz, cuyas casas más antiguas fueron construidas con las piedras de las ruinas de Utatlan. Esa leyenda, no obstante, no figura en la mitología de los quichés, quienes se establecieron en la comarca hacia 1200 d. C., al final de la catábasis de las tierras mexicanas. No hay nada, en realidad, que demuestre que el moderno territorio sea el lugar originario de la raza. Es, por tanto, probable que la leyenda de la creación del hombre fuese heredada por las poblaciones autóctonas y que los quichés la conocieran al final de su aventurado periplo. Lo cierto es que con el paso de las generaciones se pierde siempre todo interés por averiguar lo que haya de cierto en el pasado.

EL PERÍODO TEOCRÁTICO

La evolución del pueblo maya fue, hasta cierto punto, semejante en todo a la de cualquier otro pueblo. Y en la actualidad comienza a diferenciarse, como lo demuestran algunos valiosos hallazgos arqueológicos de la zona de Kaminaljuyu, a las puertas de la moderna Guatemala, y en la del Uaxactún, en el corazón de la selva tropical, que abarca El Petén.

En 1959, en Kaminaljuyu se iniciaron unas excavaciones profundas para echar los cimientos de un nuevo barrio residencial en la capital de Guatemala, y el potente espolón de la excavadora reveló el secreto milenario de aquel centro habitado por mayas en tiempos muy lejanos.

En primer lugar, saltó al viento un estrato de obsidiana, chapas rotas y diversos objetos, y después salieron a la luz cosas de auténtica calidad. En tanto las máquinas procedían sosegadamente a su exterminio, había por allí numerosos excavadores, los cuales se quedaron estupefactos ante los resultados.

Había quedado al descubierto una pirámide de arcilla y arena, y al pie de la escalinata de diez metros de altura se halló una tumba, que contenía objetos relativos a las solemnes danzas del culto fálico.

Más tarde, en los años siguientes, salieron a relucir diversas estelas y muchas estatuas a la maternidad: mujeres todo vientre, un vientre enorme, orondo, quizá para simbolizar todas las generaciones futuras, corolario lógico del culto fálico.

En Uaxactún se descubrió hace unos años un magnífico tiesto de terracota pintada, en el que está diseñada la versión maya del mito de Leda y el cisne, si bien en lugar del ave hay un simio, el más común de la selva de Guatemala, el más inteligente entre todos, el que se considera el chimpancé americano.

Los conocimientos sobre los mayas se han ampliado, ya han trabado amistad con los dioses, en sus corazones ha nacido la malicia, madrina de la pornografía. Estamos, pues, cerca del esplendor máximo de la civilización maya, de la cima más elevada de la cultura americana.

El pueblo maya estaba regido por una teocracia. Una clase sacerdotal de inmensa cultura gobernaba al pueblo, compuesto en su mayoría por esclavos y tres estamentos: los siervos, los guardias que ejercían las funciones de policía y ejército, y la aristocracia, emparentada con los jefes y los sacerdotes, los primeros elegidos por Dios a través de los ministros del culto.

La clase sacerdotal dominaba a la masa desde la cumbre de sus grandes conocimientos. En épocas muy antiguas, estudiando a los astros, los sacerdotes descubrieron el secreto del año, identificando los solsticios, las estaciones, y creando dos calendarios: uno religioso de 260 días, y otro solar de 365.

Las fracciones de días restantes eran tenidas en cuenta, siendo llevado todo con gran escrupulosidad. En los trópicos no existen las cuatro estaciones como en la zona templada, sino solamente dos, la seca y la lluviosa, que no se alternan con excesiva regularidad. El pueblo maya, ahora como en tiempos pasados, vive exclusivamente de la agricultura y habita en míseras chozas de paja y arcilla, aisladas entre sí, cerca de los campos de maíz y alubias pintas.

En el centro de esas zonas, en las que se alternan las selvas y los campos, se alzaban las ciudades sagradas donde moraban los aristócratas y los sacerdotes, y en la periferia se hallaban las cabañas de los artistas, los siervos y los esclavos. Los campesinos llevaban sus tributos a los dioses, tributos siempre bastante onerosos, porque era preciso alimentar a un número siempre creciente de esclavos y operarios que excavaban las rocas y construían los templos y las pirámides.

Esos campesinos escuchaban de boca de los sacerdotes la voluntad de los dioses. En la zona maya la tierra era pobre, con escasos centímetros de humus sobre la estéril arcilla, y los terrones raras veces fecundaban por más de dos años. Por consiguiente, también hoy día, cada bienio era necesario desbrozar un tramo de selva, talar árboles, arbustos y retoños, pero había que hacerlo en la fecha exacta, algún tiempo antes de la estación lluviosa, porque la vegetación cortada debía tener tiempo para secarse antes de ser quemada en el momento oportuno, cuando empezaba a soplar el dios del viento.

Los campesinos ignoraban cuándo debían iniciar sus labores, pues todo dependía de la voluntad de los dioses, de la sequía, del viento, del fuego y de la lluvia. Y la selva tropical estaba poblada, además, por reptiles venenosos, alimañas feroces y las emboscadas innumerables que podían presentarse. Por tal motivo atendían escrupulosamente las instrucciones de los dioses, transmitidas por los sacerdotes.

Esto tenían pleno conocimiento del origen de los fenómenos naturales, pero guardaban celosamente el secreto. Por eso organizaron un sistema perfecto de espionaje y cuando se enteraban de que alguna verdad había sido revelada recurrían al sacrificio humano. Ellos debían señalar a la víctima y jamás la escogían entre sus partidarios o adeptos. Era la «ultima ratio» para reducir los rebeldes al silencio.

LA CIUDAD DE COPÁN

Puede afirmarse que la ciudad de Copán fue hija del planeta Venus. En los siglos II y III d. C., los astrónomos mayas que eran sacerdotes de la más elevada jerarquía, lograron calcular con una precisión absoluta la elipse del planeta Venus y en la exaltación del nuevo descubrimiento convocaron en la localidad que ahora se denomina Copán, según el nombre del gran guerrero chorti Copán Calel, que la defendió heroicamente contra los conquistadores, una gran asamblea astronómica, probablemente la primera del género humano, a fin de celebrar el acontecimiento y estipular un acuerdo para que las dieciséis tribus del pueblo maya fijaran el comienzo del año en el mismo día.

Un altar sólido y cuadrangular, en cuyos lados hay esculpidos bajorrelieves con los nombres de los dieciséis astrónomos asistentes, da fe del magno suceso. Pero el altar está sobre la acrópolis y antes de llegar al mismo es necesario recorrer y admirar al menos una parte de las magnificencias de esta ciudad, que fue para América lo que Atenas para Europa.

Copán, en efecto, fue la capital de la ciencia y la cultura mayas, así como Tikal, en el corazón de la selva tropical, fue la de la alta espiritualidad: un centro sagrado que floreció en la edad de oro de la civilización de los mayas.

Antiguamente, el centro de Copán fue únicamente el lugar sagrado de los chorti, predilecto de los astrónomos porque siendo el más meridional del Imperio Maya, era el sitio desde el cual se veía más tiempo la constelación de la Cruz del Sur, durante todo el año. Los sabios mayas calculaban las horas nocturnas según la inclinación del diámetro mayor de tal constelación, y probablemente estudiando la Cruz del Sur, los astrónomos intuyeron la teoría heliocéntrica, que en nuestro mundo inmortalizó a Pitágoras en el siglo VI a. C.

Es probable asimismo que los mayas efectuaran este descubrimiento unos siglos de adelanto sobre el hijo de Crotón, pues tres años antes de Cristo ya habían perfeccionado su calendario.

Además, mientras en el ámbito griego, la de Pitágoras sólo fue una teoría extraña y poco creída, habiendo sido derrocada siete siglos más tarde por Tolomeo, quien afirmó que la Tierra era el centro del Universo entre los mayas no sólo no se dudó jamás de la verdad astronómica eliocéntrica, sino que incluso existieron dudas de que las estrellas formaran parte de un sistema distinto del de los planetas.

Copán, por tanto, llegó a la cima máxima en la época del descubrimiento de la duración exacta de la elipse de Venus, que es precisamente cuando se terminó la construcción de una nueva plaza en el flanco de la ciudadela, dominada por un enorme mascarán en cuyo centro todavía puede verse la imagen del dios del planeta, ya que también los planetas, igual que todo lo creado, poseían un espíritu, identificable por el mismo símbolo del planeta esculpido en los ángulos superiores del monolito en relieve.

Los orígenes de Copán se pierden en la noche de los tiempos. Sin embargo, algunas deducciones han revelado que cuando los astrónomos hubieron calculado el intervalo entre dos elipses, los príncipes y los sacerdotes ordenaron la erección de una espléndida pirámide a la eterna memoria del acontecimiento.

Y cuando los arquitectos hubieron construido lo que les habían ordenado, y los escultores adornaron con más de dos mil jeroglíficos la escalinata que conducía a la cima, las autoridades mandaron que allí se edificara un templo para agradecer a los dioses haber guiado las mentes y las manos de los arquitectos y artistas, dioses de la inspiración, que en el mundo occidental se bautizaron con el nombre de Musas.

De todos modos, esto tuvo lugar entre los siglos IV y VII d. C., según los expertos en las cuestiones mayas. Lo cual ha quedado refutado por las recientes pruebas «atómicas», que han demostrado que una época debe fijarse con varios siglos de antelación.

En un año poco precisado, a principio del siglo XIX, el río Copán, que discurre al sur de la ciudad muerta, mudó su curso y empezó a excavar lentamente el flanco de una colina que se eleva casi en el centro del valle. Poco a poco, las aguas sacaron a la luz una pared gigantesca de unos trescientos metros de largo por treinta de alto. Hacia 1840, la noticia de tan increíble muro llegó a oídos de un aventurero irlandés, John Gallagher, que estaba de servicio en Guatemala con el nombre de coronel Juan Galindo, el cual era un indio apasionado estudiante de las cosas prehistóricas, recordó una narración de guerra de un tal Fuentes y Guzmán, en la que

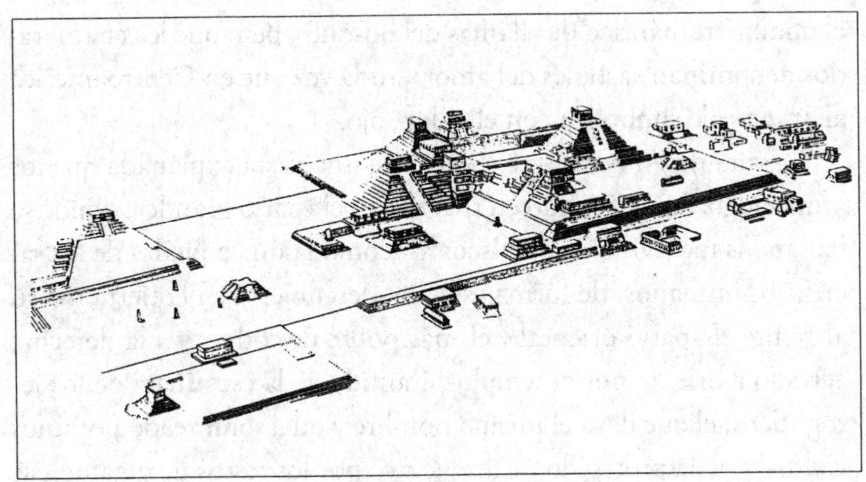

Cópan, en el siglo IX.

se contaba que en 1589 fue finalmente derrotado el gran guerrero chorti Copán Calel, añadiendo un relato sobre la ciudad legendaria que debía hallarse en dicho lugar.

Fuentes y Guzmán se refirió a alguien que había visto la gran ciudad, pero como Juan Galindo era poco amigo de incertidumbres, al instante montó a caballo, se dirigió a la tierra de los chortis, en Jocotán, y se hizo guiar hasta el «gran muro». Así descubrió lo que hoy es la maravillosa ciudad muerta de Copán, siendo el primero en indicar que bajo el colosal muro que rodeaba la ciudadela, existían los restos de al menos tres ciudades antiquísimas.

Naturalmente, no podía averiguar el verdadero nombre de aquel centro sagrado que había permanecido ignorado para el mundo unos mil quinientos años al menos (lo cierto es que no se conoce el nombre exacto de ninguna ciudad del Imperio maya), pero tuvo el mérito de haber impulsado las excavaciones que todavía duran en la actualidad.

La ruta que desde la pista de aterrizaje actual conduce a las mencionadas ruinas es una extensión de prado comprendida entre altos árboles, que desde el principio de la estación de las lluvias se cubren de innumerables llamitas rojas, por lo que han sido bautizados con el nombre romántico de «llamas del bosque», pero que los enamorados denominan «árboles del amor», toda vez que en Centroamérica al amor se le simboliza con el color rojo.

La ruta desemboca en el centro de una vasta explanada que los arqueólogos han dividido en tres zonas: el «patio grande», donde se hallan los maravillosos obeliscos así como la única piedra de los sacrificios humanos, de forma esférica, descubierta en la tierra maya; al frente el «patio oriental», el más pobre de todos; y a la derecha, cerrado a oriente por el templo-pirámide de la escalinata de los jeroglíficos, el que lleva el mismo nombre y que, sombreado por unos cedros, queda protegido de los vientos por los restos de gigantescas pirámides aún cubiertas de vegetación.

De esta zona, subiendo la inmensa escalinata en ruinas de la pirámide que cerraba la explanada por el sur, se llega a la Ciudadela y a un segundo complejo de edificios, los mismos que se levantaron en la época del descubrimiento de la elipse de Venus.

El antiguo centro sagrado era más vasto. Otro obelisco con un altar al frente se descubrió a mitad del camino entre las ruinas y el moderno poblado de Copán. Y en las laderas de las colinas se elevan, uno frente a otro y a unos quince kilómetros de distancia en línea recta, los dos obeliscos que indicaban la salida y la puesta del sol en los solsticios, los cuales señalaban dos fechas básicas para la sociedad maya: el 21 de junio, con la vecindad de la estación de las grandes lluvias, y la del 21 de diciembre que señalaba en cambio el comienzo del período de sequía.

EL MÁXIMO ESPLENDOR

Llegó el momento del máximo esplendor del Imperio maya. En Tikal, en el centro de la selva tropical, los geniales arquitectos elevaron unas pirámides sumamente esbeltas y altas, las más sugestivas del mundo, proyectadas al cielo como símbolo de las irrealizables aspiraciones humanas. En lo alto de cada pirámide se hallaba el templo dedicado a la divinidad, y los arquitectos antes de ordenar que fuese colocada la base de cal y yeso, afirmaban sus obras con la huella de la mano derecha, previamente manchada de sangre.

Centenares de escultores ejecutaron los monolitos, tallados de la roca viva con cuerdas de sisal, agua y savia; estelas que representan a los sacerdotes y sus rostros, y sobre la parte posterior inscribían la historia y la época de su reinado; otros esculpieron bajorrelieves a millares, en las piedras, destinados a formar el empedrado de un camino de sesenta metros de ancho por cinco kilómetros de longitud, una extensión, por tanto, de treinta y cinco kilómetros cuadrados.

¿Cuántas generaciones se necesitaron para llevar a término un centro sagrado de tales dimensiones? ¿Cuántas decenas de millares de esclavos, cuántos miles de artistas dieron su sudor y su sangre para ejecutar semejante prodigio?

En la selva donde está Tikal, que significa «lugar de las voces», a pesar de ser un nombre recientemente inventado porque el antiguo se desconoce, se han contado doscientos treinta templos y pirámides. Cada grifo, cada jeroglífico, podría decirse cada golpe de cincel, tenían un significado bien definido.

Quinientos kilómetros más al sur, en la tierra de los chorti, en Copán, centro de los astrónomos e intelectuales, se reunió el primer congreso astronómico de la humanidad. Allí se precisó el planeta Venus, y para festejar el acontecimiento, los astrónomos de la tribu maya fueron invitados a la inauguración del templo dedicado al planeta que, naturalmente, era un dios. La asamblea sirvió asimismo para unificar la fecha del comienzo del año en todo el Imperio.

En aquellos festejos se sabe que tomaron parte los más reputados campeones del juego de pala, que se disputaron la victoria en el magnífico anfiteatro de los papagayos de siete colores, los guacamayos de los que los hombres, según la leyenda, aprendieron a hablar.

Los asistentes miraban estáticos la Gradería de los Jeroglíficos, formada por sesenta y dos escalones anchos de diez metros, adornados con dos mil bajorrelieves. Y mientras tanto, los poderes diabólicos pintados de azul eran sacrificados a los dioses, en acción de gracias por haber permitido revelar el secreto de Venus.

Algunas tal vez se arrastraban por el gran atrio, revolcándose sobre el ara o piedra del sacrificio, y el sacerdote les desgarraba el cuerpo bajo la última costilla izquierda, para introducir la mano y arrancarles el corazón palpitante para ofrecerlo al dios que, pintado de rojo, llameaba al sol naciente.

Otros debían subir uno a uno los peldaños del Templo de las Meditaciones, donde quedaban atados a los muros con los brazos y las piernas separados, esperando una muerte atroz que llegaba al fin cuando sus testículos eran blanco de las flechas de los arqueros y su sangre se esparcía en torno porque «Dios y los dioses estaban en todas partes».

El sacrificio humano se entendía como una cosa justa: ¿qué más podía ofrecerle el hombre a Dios más que su sangre?

El acontecimiento astronómico se recuerda para la posteridad en la parte trasera de las ruinas del templo elevado y del altar, constituido por un bloque de piedra cuadrada, en cuyos flancos hay esculpidos los diecisiete astrónomos que asistieron al congreso, en tanto en la fachada superior se ve la elipse del planeta. Según Spinden, esto ocurrió en el siglo IV d. C.

A unos doscientos kilómetros al noroeste de Tikal, en Palenque, otros artistas elevaron la incomparable joya del Templo del Sol, excavado en una gigantesca pirámide se halla la tumba de un jefe misterioso, recubierta con un monolito historiado. Antes de cerrar el sarcófago, capaz de resistir el paso de los siglos, decapitaron a todos los esclavos del personaje, a fin de que pudieran seguir sirviéndole en el Más Allá, y colocaron junto al cadáver, mosaicos, jades y adornos de exquisita factura. Luego, la pirámide llamada hoy día «de las inscripciones» fue cerrada y el secreto de su tumba permaneció inviolable casi doce siglos.

Había llegado la época del máximo esplendor.

Pocos individuos, príncipes, sacerdotes y militares dominaban la masa del pueblo en esa época. La masa se dividía en cultivadores de maíz y alubias, algodón y sisal; en artesanos dedicados al arte textil, al curtido del cuero, a la tintorería y a la fabricación de utensilios de barro cocido, obsidiana, madera y jade; y en artistas, arquitectos, pintores y escultores, ayudados por los carpinteros y los decoradores de muros.

Los últimos, como los excavadores y transportistas de los bloques de piedra y los gigantescos monolitos para los obeliscos, pertenecían a la categoría de esclavos, a pesar de que ningún documento ni inscripción alguna haya demostrado que entre los mayas existiera la esclavitud.

Cierto es que desde un punto lógico, de no haber existido la esclavitud resulta imposible explicar cómo fue posible llevar a buen término una tarea tan gigantesca como el centro sagrado de Tikal y de Copán. Además, apoya esta hipótesis el conocimiento que tenemos de la existencia de esclavos durante el período de máximo esplendor de todas las civilizaciones, tanto la egipcia como la babilónica, la griega como la romana.

En la sociedad maya era posible ascender socialmente por méritos especiales, que pueden enumerarse por este orden: cinceladores y escultores de inscripciones (jeroglíficos e ideogramas), porque cuanto más profundizaban y completaban su arte más se acercaban al conocimiento del significado esotérico de lo que esculpían: el valor de los jeroglíficos, la magia de los números y el secreto del curso de los astros y planetas; arquitectos de templos y pirámides, pues por la perfección de sus cálculos se deducía su grado de intimidad con los espíritus inspiradores, o sea los dioses; y en fin, los vencedores en el juego de pelota, de significado altamente religioso y tan raros que sus nombres se transmitían de generación en generación, siendo esculpidos en los obeliscos conmemorativos de las victorias.

Entre los guerreros el ascenso sólo se lograba por méritos bélicos o cuando, destruida toda la familia del jefe o rey adversario, traían prisionera a la patria la hija del rey para hacerla madre de sus hijos, herederos del valor del vencedor y del vencido y, por la sangre materna, el único elemento válido para establecer la descendencia real, miembros por derecho de la clase dominante.

A esta última, sin embargo, solamente podían llegar los descendientes por línea materna; y a los otros, que se acercaban demasiado a los secretos de dicha clase dominante, la suerte les reservaba la gloria del sacrificio humano.

UNA OFRENDA A LOS DIOSES

El sacrificio humano, al que antes nos hemos ya referido, debe considerarse, aparte de una antiquísima tradición del pueblo maya, como un excelente medio para conservar el poder.

No cabe la menor duda de que en su origen el sacrificio humano tuvo solamente un carácter propiciatorio, como una ofrenda a los dioses para aplacar su ira y obtener sus favores. En la Biblia se halla el recuerdo de Abraham que sacrificó o estuvo a punto de sacrificar su propio hijo a Yaweh, y tanto entre el pueblo hebreo como en las poblaciones alemanas, el sacrificio de una vida humana era un ofrecimiento propiciatorio. Con el paso de los años y la civilización de las costumbres, los ofrecimientos de sangre y vida se transformaron lentamente en ofrendas de alimentos y bebidas. Pero en el Imperio maya la sangre humana continuó siendo el medio supremo para impetrar el perdón o la gracia de los dioses, incluso del misterioso dios creador.

La ofrenda de la sangre

El ritual del sacrificio humano no siempre era el mismo, ni aún dentro de una misma región. Se sacrificaba, por ejemplo, a un prisionero de guerra como acción de gracias por una victoria obtenida, y a veces asimismo a un guerrero propio en señal de expiación por una súbita derrota; se vertía la sangre de una virgen para acelerar la llegada de las lluvias; del hijo de un noble para conseguir la curación de una enfermedad del maíz; de un número impreciso de esclavos para inducir a un determinado dios a revelar un secreto.

En definitiva, los motivos del sacrificio humano podían ser sugeridos por el deseo de agradecer, expíar o impetrar. También eran diferentes los modos de efectuarlo: para algunas ceremonias era necesario que el sacrificado se entregara voluntariamente al suplicio, danzando y cantando. Durante un mes entero era considerado sagrado e inviolable, podía ataviarse con telas reales o sacerdotales, comer los manjares más apetitosos y hacerse acompañar por las más hermosas jóvenes, incluso las hijas del rey. Después, desnudo y pintado de azul encima de la cabeza la corona de plumas del sagrado Quetzal, debía afrontar valerosamente la muerte espantosa y acercarse al altar del sacrificio cantando y bailando y desafiando al mundo entero. Tal era su despedida a «los montes y los valles».

El sacrificado, otras veces, totalmente consciente, era arrastrado a la fuerza hasta el ara del sacrificio, y cuanto más chillaba tanto más satisfechos se mostraban los sacerdotes, que deseaban que sus gritos llegaran al decimotercer cielo, morada de los dioses.

La víctima era atada al ara, donde el sumo sacerdote le rasgaba el pecho bajo la última costilla izquierda, introduciendo rápidamente la mano para arrancarle el corazón palpitante que, generalmente, era arrojado a la llama sagrada, que resplandecía ante la divinidad.

Por fin, la víctima podía ser atada a un muro con brazos y piernas separados y su suplicio duraba varias horas; el desventurado se iba desangrando prácticamente por medio de las heridas abiertas con cuchillos de sílice u obsidiana, o atravesado por flechas lanzadas mediante arcos y cerbatanas. Unas ánforas pequeñas recogían la sangre, que luego esparcían alrededor «porque los dioses están en todas partes»; antes, no obstante, el sumo sacerdote esparcía una pequeña cantidad en dirección de los cuatro puntos cardinales, sede de los rectores del mundo.

Aquí cabe recordar que la oferta de sangre era también una costumbre individual. Muchos fieles practicaban incisiones en los lóbulos de las orejas, labios y nariz, y recogían la sangre para ofrecerla a los dioses. Tal ofrenda se consideraba el máximo honor que se les podía rendir.

En Copán, en el centro del Gran Patio, delante del colosal obelisco rojo que representa un dios o una gran personalidad sacerdotal, se halla el altar esférico del sacrificio humano: un bloque de piedra de noventa centímetros de alto, del que manaba la sangre de la víctima, que después se escurría por un doble canal longitudinal, hasta llegar al orificio de un grifo bajo el cual colocaban el ánfora sagrada.

El otro lugar del sacrificio humano se halla en la primera cámara del templo de las Meditaciones. Allí, sobre las paredes todavía intactas, son visibles cuatro postes a los que se ataba a las víctimas del sacrificio. Y alrededor hay maravillosas esculturas, en general altorrelieves, representando la muerte como conclusión de toda vanidad terrestre.

Los altares del sacrificio

En los confines septentrionales de la zona central de la ciudad muerta de Tikal, en dirección al pozo Bejucal, se descubrió un complejo de ocho edificios, cuyo empleo no es fácil de explicar, hasta llegar a la conclusión de que los centros religiosos de Tikal eran independientes entre sí, en el sentido de que las diversas tribus mayas tenían el suyo propio.

Los arqueólogos han ordenado dichos centros por grupos, distinguiéndolos con una letra del alfabeto, de la A a la I. Las hipótesis formuladas respecto a la multiplicidad de los centros sagrados, que en toda la zona del Tikal son varias docenas, son dos principalmente: que cada centro estuviera dedicado a un dios particular, o que estuviese reservado a diferentes clases sociales o tribus.

En el grupo H, situado junto al pozo Bejucal, salió a la luz un altar para el sacrificio humano, el segundo si se tiene en cuenta el del grupo I. En ambos casos no se trata de simples hipótesis, como en la afirmación genérica de que en Tikal existen 82 obeliscos y 44 estructuras de sacrificios, porque los bajorrelieves esculpidos en los dos altares, uno circular y el otro rectangular, representan dos seres humanos apunto de ser sacrificados.

El descubrimiento revistió un carácter sensacional, porque redujo a la nada las anteriores hipótesis según las cuales el sacrificio humano, extraño a las costumbres mayas, habría sido importado de México, donde los aztecas y los toltecas abusaban del mismo.

Las dos aras del sacrificio no tienen fecha, pero considerando el sitio del hallazgo y de los edificios existentes allí, aquélla es ciertamente posterior a la de los altares, si se calcula que fueron esculpidas entre los siglos V y VI d. C., o sea antes de que los mayas entrasen en contacto con sus futuros enemigos.

Se sabía que los mayas habían empleado el sacrificio humano, pero hasta el descubrimiento de ambos altares la prueba solamente consistía en ciertas referencias contenidas en los códices de Dresde y Trocortesiano, por los frescos existentes en el templo del «Jaguar» y en el de los «Guerreros» de Chichén Itzá, en Yucatán, así como por el bajorrelieve de un obelisco de Piedras Negras, o sea en obras artísticas, todas posteriores al período del máximo esplendor del Imperio maya, y casi en el de la máxima decadencia, quizá con la excepción del bajorrelieve de Piedras Negras. Pero los expertos opinaron que Piedras Negras estaba muy cerca de las tierras dominadas por las tribus mexicanas y que, consecuentemente, podía formularse la teoría de que se tratara de una costumbre importada.

Los expertos, pues, jamás han aceptado que los mayas hubiesen consumado sacrificios por sí mismos, por su propio criterio, puesto que opinaron, un pueblo tan avanzado cultural y civilizadamente no podía ejercer acciones tan bárbaras y crueles.

Pero en la actualidad no es posible suscribir esa teoría, pues los dos altares hallados en Tikal testimonian lo contrario: que en los comienzos de su auge cultural era practicado habitualmente el sacrificio humano. Ahora sí es posible formular una hipótesis: tal vez la revolución de las masas contra la clase dirigente fue en realidad una airada protesta contra esos sacrificios incruentos, que ningún bien reportaban al pueblo y, en cambio, arrebataban vidas humanas a mansalva. Esto, al menos, parecen indicar las mutilaciones que muchas estatuas han sufrido, mutilaciones debidas seguramente a los mismos mayas, como símbolo de la victoria contra una dominación bárbara y opresora, en que los triunfadores desearon destruir todo vestigio de un ignominioso pasado.

Las víctimas se rebelaron

Es probable que se tratara de la última revolución nacional del pueblo maya, en tanto continuó formando un solo imperio. Hoy día se han levantado varias polémicas acerca del régimen unitario maya, pero en realidad son discusiones político-sociales, no históricas. Lo cierto es que nunca se podrá saber con plena seguridad si el Imperio Maya fue unitario, es decir, si los asuntos públicos dependían de un gobierno reconocido por toda la raza, o si no era así.

La teocracia debía expresarse de distinta manera porque dominaba en representación de los dioses, que eran innumerables y diferentes de una tribu a otra y de un clan a otro. La teoría más plausible es la de que existiese un sistema hasta cierto punto feudal, que la clase sacerdotal tuviera como jefe a un sumo sacerdote o a un grupo de sacerdotes, que debían identificarse con los astrónomos, tal como las grandes familias del medievo eran vasallas de sus soberanos.

Respecto al sacrificio humano es indudable que existió desde el principio, al iniciarse la vida social.

En todos los pueblos de la Tierra, siguiendo el curso de la historia, existía esa práctica, que generalmente empleaba la clase dominante para mantener el poder durante el período teocrático.

En efecto, eran los sacerdotes los encargados de designar a las víctimas y es poco probable que las eligiesen entre sus amigos o protegidos, sino más bien entre los rivales y adversarios, o a los que podían representar un peligro para su autoridad.

Cuando Dios creó al hombre —la génesis maya no es igual a la de la Biblia, pero también supone un dios creador—, la religión era necesariamente monoteísta, puesto que los primeros hombres tenían que estar en contacto con Él. Pero luego, los espíritus del Mal, también emanaciones divinas, trastornaron la vida humana y los hombres inventaron los primeros ritos propiciatorios y los primeros sacrificios dirigidos, no al Dios creador, sino a los espíritus malignos, para aplacar su ira o para atraer tal ira sobre otros.

Por esto, la tradición atribuyó a espíritus adversos toda clase de catástrofes y calamidades, desde una demora en la estación de lluvias a una epidemia fatal. Mientras la población aumentaba, se multiplicaban los males. Y los sacerdotes que regentaban la teocracia no tenían más remedio que aumentar el número de víctimas y sacrificados y escoger otros nuevos en tanto la incredulidad popular superaba las antiguas supersticiones.

Cuando, en una época no precisada según la cronología, pero que desde el punto de vista social puede establecerse como el momento del apogeo de la clase dominante, los sacrificios de los frutos de la tierra, de animales o de objetos preciosos, parecieron insuficientes, surgió el sacrificio humano, cuyas víctimas eran los extraños al clan o la tribu, acusados astutamente de provocar el mal que en aquel momento afligiera al pueblo.

Después les tocó el turno a los esclavos, obviamente siervos de a quienes se deseaba debilitar y, final y descaradamente, se pasó a los sojuzgados y a sus aliados.

La venganza del dios del Fuego

Anteriormente nos hemos referido a la gran emigración del pueblo maya del territorio que fuera su cuna, cuyo centro se hallaba en el moderno Petén, emigración que casi todos los historiadores fijan entre el siglo VIII y IX d. C., mientras otros arguyen que empezó en el siglo VI. Es harto improbable que 15 millones de seres humanos decidiesen emigrar todos a la vez, cosa que jamás ha podido ponerse en claro toda vez que al Yucatán solamente llegaron tres o cuatro millones de mayas.

Claro está que la exactitud de la época parece menos importante que la de las causas, cuyas teorías son abundantes, aunque todas faltas de pruebas. Algunas se basan en leyendas aún vigentes entre los actuales mayas, y otras se deben a expertos o a historiadores identificados con los arqueólogos. La leyenda popular más conocida es la que narra la dispersión del pueblo maya debido a una despiadada venganza del dios Tohil y sus ayudantes Jacaguitz y Agüilitz. Éstos exigieron que los sumos sacerdotes Balam-quiché, Balam-Akab y Majucutá celebraran en su honor sacrificios humanos, con preferencia de jóvenes vírgenes, porque los otros sacrificios no surtían el menor efecto.

Pero un día, aunque los tres sacerdotes no dejaban de ofrecer el tributo de sangre anhelado, Tohil sintió envidia de los hombres porque éstos tenían hijos y él no podía tenerlos. Tuvo curiosidad por saber cómo esto era posible y decidió presentarse ante los mortales para descubrir el secreto, y su venida fue el principio de la desdichada historia, porque muchas mujeres que estaban embarazadas se hallaron con el vientre desgarrado. Entonces, a la vista de tan aterrador espectáculo, los tres sacerdotes organizaron un gran festejo en honor de Tohil, a fin de convencerle para que revelara qué podían hacer los hombres para poner fin a tanto horror. Tohil manifestó que estaba cansado de vivir solo por lo que deseaba tener hijos.

Los sacerdotes, al saber esto, eligieron entre su pueblo a las dos jóvenes más hermosas, llamadas Ixtaj e Ixpuch, ordenándoles que buscaran al dios Tohil que evidentemente las preferiría vivas. Las dos muchachas, llenas de espanto, se dispusieron a emprender el largo viaje.

No tardaron en encontrar a Jacaguitz y Agüilitz, quienes las llevaron a presencia del terrible dios, de quien dependía la existencia del pueblo maya, siendo como era el señor del fuego.

El dios las acogió con gran curiosidad, mas como era un espíritu, no sabía engendrar un ser humano, ni podía hacerlo. Las dos jóvenes, que habían sido debidamente instruidas acerca del particular y habían recibido la orden de no regresar hasta haber consagrado su virginidad al dios Tohil, so pena de ser llevadas en caso contrario al ara del sacrificio, intentaron por todos los medios suscitar el deseo imposible de Tohil.

Le explicaron minuciosamente qué debía hacer, y al responder él que no lo entendía, las muchachas le pidieron que les mostrase sus partes ocultas. Al observar que carecía del miembro viril, estallaron en una gran risotada, a la que siguió un terror espantoso porque comprendieron que no podrían llevar a buen término su misión y, en consecuencia, morirían tan pronto regresasen a la tribu. Cayeron desesperadas a los pies de Tohil, pidiendo que las ayudara.

Tohil montó en cólera. Al fin había comprendido que jamás podría tener hijos, pues no se le había ocurrido que por ser inmortal no podía procrear, ya que de lo contrario el mundo se tornaría inhabitable al llenarse de seres inmortales como él. Y empezó a meditar de qué modo podía vengarse de los hombres, hasta que finalmente tuvo una brillante idea. Llamó a las dos jóvenes y les dijo:

—Os devuelvo vírgenes a vuestros hombres, y ésta podría ser vuestra condena, pero como no tenéis culpa alguna he decidido ayudaros.

Ordenó que sus ayudantes le trajeran dos magníficos mantos de plumas de quetzal y, los colocó sobre los hombros de ambas muchachas.

—Como prueba de que habéis venido a mí y me habéis satisfecho, os regalo estos dos mantos. Nadie sospechará la verdad y estaréis a salvo. Pero por la noche, al acostaros, deberéis sacudir cien veces estos mantos y algo sucederá.

Las dos jovencitas regresaron dichosas a su tribu y contaron su viaje. Pero una vez en sus respectivas chozas no supieron ocultar lo sucedido a sus padres y hablaron de la impotencia del dios Tohil. Lo cierto es que antes de llegar la noche todos los mayas conocían la historia de la impotencia de Tohil, y las carcajadas resonaban por toda la plaza, pues se imaginaban que después de tal suceso el dios del Fuego no se dejaría ver.

Al llegar la noche, las dos jóvenes cogieron sus mantos y los sacudieron cien veces al aire libre. De repente, las plumas se volatilizaron, quedando las dos con las manos vacías. Entonces, empezaron a llorar desconsoladamente, aunque sin imaginarse el mal que acababan de ocasionar, porque cada pluma se transformó en una calamidad, murieron todos los animales de la selva, se agostaron los pozos, las epidemias diezmaron a los hombres y en la tierra no germinó el trigo ni el maíz. Y los mayas se vieron obligados a emigrar de un territorio que ya no producía nada. Por esto también tuvieron que abandonar sus hermosas ciudades.

Los dos mantos fueron, pues, lo mismo que la Caja de Pandora para los antiguos mayas.

El ciclo de las estaciones

Sin embargo, los expertos no han aceptado una leyenda de fondo tan trágico como el afán de los dioses de castigar a la Humanidad por lo que todos los pueblos primitivos pensaban que era el goce supremo del ser humano: tener un hijo.

Es éste un goce que, no obstante, cada vez resulta menos satisfactorio a medida que la inteligencia alcanza la cumbre de la sabiduría humana y que lo espiritual supera a lo material, puesto que el fin de la sexualidad no es, en realidad, la procreación, sino experimentar ese goce supremo que concede Dios o la Naturaleza a todos los seres humanos, a los animales y, se cree que también e incluso a las plantas.

Sin embargo, los mismos expertos advierten que la leyenda puede tener un fundamento real, en el sentido de que la gran emigración pudo tener como causa unas catástrofes de carácter natural, que pueden enumerarse como sigue:

1. Una enfermedad del maíz que destruiría sus cultivos.

2. La aparición de un parásito en la tierra, tan voraz que impediría la germinación de las semillas.

3. Un cambio en las condiciones climáticas.

4. La paulatina aridez del suelo

Una o varias de dichas causas pudieron contribuir a una desesperada revolución del pueblo, que pudo creer haber sido abandonado por sus dioses a causa de la corrupción de la clase sacerdotes que, para mantenerse en el poder, oprimía constantemente al pueblo hasta lo inverosímil, en lo que se asemejaban mucho a los sacerdotes del tiempo de los faraones en Egipto.

En efecto, los sacerdotes mayas dominaban al pueblo con el secreto de las estaciones. En la tierra maya no existen las cuatro estaciones del año como en la zona templada. El clima es casi igual todo el año, sin primavera ni otoño, por lo que el ciclo anual se divide en dos períodos: seco y lluvioso, llamado verano el seco y el lluvioso denominado invierno.

Por otro lado, las dos estaciones no se suceden con regularidad, ni los mayas poseían un calendario que les anunciase la llegada de la época de la siembre, o sea la inmediata a la estación de las lluvias. El calendario solar era un secreto de los sacerdotes y únicamente el calendario religioso, de 260 días, estaba al alcance de todos.

La prueba de esto se halla en las fechas esculpidas en los obeliscos, por las que sabemos que el secreto de los 365 días se guardaba celosamente, de modo que las variaciones sólo se hacían públicas en las grandes ocasiones, cuando se esculpían en algún monumento. El año solar, pues, se calculaba normalmente en 360 días, y los 5 restantes se añadían de vez en cuando. Esto no podía perturbar la vida de un pueblo que se regía por el calendario religioso, ordenado por los 13 dioses superiores.

Por consiguiente, la estación lluviosa no comenzaba jamás puntualmente, tal como sucede en la actualidad, anticipándose a veces y llegando otras con un retraso sumamente perjudicial. Pero los sacerdotes tenían la posibilidad de observar tales variaciones, porque las lluvias dependen de los vientos y otros factores que los científicos modernos también pueden apreciar. Por todo esto, los sacerdotes mayas eran capaces de guiar las sucesivas fases de la agricultura, que debía adaptarse a las particularidades del suelo y el clima.

Los grandes cambios estacionales

Hacia el siglo V d. C., el ciclo estacional debió sufrir de repente grandes cambios y algún fenómeno, que seguramente nunca será identificado, redujo la producción agrícola. Algunos afirman que la única razón de las perturbaciones fue el excesivo aumento de la zona habitada, de manera que los productos del suelo no bastaban para cubrir el sustento general.

Hay que recordar que la civilización maya ofrece caracteres muy distintos a los de cualquier otra civilización conocida, en el sentido de que ninguna de las antiguas llegó a las cumbres culturales y espirituales de los mayas, aunque ésta quedó muy atrasada respecto a los avances técnicos de aquéllas.

De todos modos, aunque no se haya podido establecer la verdadera causa de ese exilio en masa, en un momento dado quedó truncado el equilibrio. La leyenda de Tohil, pues, demostraría que la clase rectora, frente a una situación que no supo afrontar, no halló otro remedio que aumentar el número de sacrificios a los dioses. En la génesis maya, la tercera vez que Dios creó al hombre se sirvió de madera; y al crear al ser humano de maíz hizo que éste, para sobrevivir, tuviera que incendiar los bosques para cultivar la tierra. Dichos incendios iban acompañados de grandes festejos religiosos, cuya tradición aún no se ha perdido, ya que actualmente la población maya, cuando ha de quemar un trecho boscoso para convertirlo en milpa, usa complicadas «costumbres» en honor del dios del maíz y, otras divinidades, relacionadas con los bosques, los árboles y los animales que los pueblan. Por esto parece lógica la teoría de que la clase dirigente ordenó la destrucción de vastas zonas boscosas a fin de suplir con un intenso y extenso cultivo el mal causado. Naturalmente, también multiplicó los sacrificios humanos.

Como la sociedad maya no era monárquica sino que más bien se trataba de una asociación tribal, con vínculos religiosos, queda claro que la gran revolución no debió estallar simultáneamente en todo el Imperio, pero la primera consecuencia de la revolución, fuera ésta como fuera, fue romper el hilo que mantenía unidas a todas las tribus.

No existe, en verdad, otra explicación al motivo de la emigración de El Petén, en que las tribus marcharon en direcciones distintas. Hoy sabemos que una corriente emigró al Yucatán, donde vivió una época de esplendor, en tanto otras se dirigieron hacia México central, las costas del Pacífico, y si hay que creer a Julián N. Guerrero, también a las tierras que hoy forman Nicaragua.

EL JUEGO DE PELOTA

A la izquierda de la escalinata de los jeroglíficos se ve el maravilloso esferisferio llamado de los «papagayos rojos», debido a una serie de tales aves que lo adornaban, de los que sólo quedan hoy día seis.

Fueron los arqueólogos quienes así lo denominaron estudiando las huellas del color, lo que demostró que tales papagayos habían estado pintados de rojo oscuro.

En realidad, se trataba de guacamayos, los espléndidos pájaros parlantes de siete colores, que los mayas miraban con una mezcla de simpatía y temor, debido a que hablaban y a que su lenguaje les era desconocido, y los mayas respetaban altamente los lenguajes incomprensibles. Como entre los griegos, también entre los mayas era la demencia un signo del favor de los dioses, porque un loco podía gozar de los placeres de la existencia material sin sufrir los temores y terrores tan propios del género humano.

Esferisferio es el término empleado por los arqueólogos para definir un campo cerrado en el que los mayas, desde varios siglos antes de la era cristiana, disputaban competiciones, empleando una gruesa esfera de goma virgen, del volumen de uno de nuestros balones de fútbol. Cabe recordar que la propiedad del caucho sólo se conoce desde hace relativamente poco tiempo, pero es evidente que los mayas la conocían desde tiempos muy remotos.

Los orígenes del juego de pelota de los mayas no se han esclarecido. Pero en el Popol Vuh se narra un célebre partido que tuvo como premio el futuro del género humano, jugado y ganado por los gemelos Hunahpu y Hbalanque, representantes del Sol y la Luna, contra las deidades infernales de Xibalba. Antes de empezar la competición, tuvo lugar una larga discusión sobre la elección de pelota, insistiendo los dioses infernales para que se les diese preferencia, y resistiéndose a ello ambos gemelos; el motivo de la discusión es porque la pelota representaba el cerebro del juego, y aceptar la del adversario significaba simbólicamente admitir su supremacía.

Sea por la narración del Popol Vuh, sea por algunos bajorrelieves, se sabe que en sus orígenes el juego tenía un carácter religioso. Es harto probable que los partidos se celebrasen con motivo de alguna gran festividad religiosa, destinado tal juego, por ejemplo, a atraer la lluvia, o un viento favorable y, en el debido momento, la victoria contra un enemigo, o contra una epidemia.

El campo de juego

El campo de juego era un área rectangular de dimensiones variables; en los costados más largos había dos paredes inclinadas, que en lo alto se tornaban verticales, soportando unos terraplenes sobre los que se alzaban unas construcciones, evidentemente tribunas para los espectadores y lugares de sacrificio; en cambio, en los extremos había dos patios donde se reunían y se vestían con los atuendos sagrados necesarios para el juego los atletas que iban a disputar el combate.

El número de estos últimos variaba de dos a treinta, independientemente del tamaño de la cancha; pero es probable que los atletas en juego fuesen siempre solamente dos, sustituidos por compañeros tras un golpe o un fallo.

Junto al borde vertical de las paredes, a la altura de cuatro a nueve metros, había dos anillos verticales de piedra, y el juego consistía en hacer pasar la pesada esfera de goma a través del estrecho cerco.

Según el reglamento, que constaba de cláusulas muy rigurosas, la pelota del diámetro de unos veinte centímetros, sólo podía ser golpeada con la rodilla, los muslos, los antebrazos y los hombros. El árbitro daba el comienzo, lanzando la pelota al aire, y los jugadores debían cogerla antes de que tocase el suelo. Los jugadores se protegían el cuerpo con pieles de animales, cuya elección daba nombre al equipo: los jaguares, los pumas, los pécaris…

El jefe se defendía mediante una máscara que reproducía al animal protector, pese a lo cual eran frecuentes las lesiones, pero las mimas se exhibían con orgullo porque demostraban la violencia de los golpes. Cuando la pelota tocaba el suelo se sustituía al jugador, en tanto que las faltas se castigaban con la expulsión del culpable del campo de juego.

La mayoría de partidos terminaban, como diríamos hoy, por «puntos», y la victoria era del equipo que se quedaba en el campo después de haber ahuyentado a sus adversarios. Era muy raro que un partido terminara porque un jugador hubiese logrado hacer pasar la pelota por el círculo de piedra, conquistando así la victoria. Era tan raro, que el reglamento establecía que quien lograse realizar tal proeza tenía derecho a apoderarse de todos los objetos de valor de los espectadores.

Todos los encuentros iban precedidos por un largo y complicado ceremonial que empezaba la noche anterior. Era entonces cuando los dioses tutelares de los equipos que se presentarían en el campo eran llevados en procesión hasta el esferisferio. Luego, los atletas se vestían complicados atavíos. Sólo los prisioneros de guerra, que se jugaban la vida, debían presentarse al campo desnudos, sin protección alguna en brazos y piernas.

Cuando los conquistadores españoles ocuparon las tierras de los mayas, aún estaban en uso los esferisferios, pero los sacerdotes cristianos prohibieron los juegos porque como escribió un tal padre Benavente: «el juego era tan duro que para vencer era preciso encomendarse a Satanás».

Sin embargo, el padre Rafael Landívar, escribió al respecto:

«Nada ofrece un espectáculo más maravilloso que una numerosa turba de indios disputando un partido. Obtienen de un árbol resinoso un jugo llamado hule, y con varias bolas componen una sola esfera de la que, a fuerza de golpes, hacen salir todo el aire.

Marcador de juego de la pelota, en Chiapas.

Luego, los jugadores forman un círculo y uno de ellos, sacado a suertes, efectúa el primer lanzamiento en dirección al centro. No es lícito tocar la pelota con las manos o los pies, sino solamente con los muslos, las rodillas, los antebrazos, los codos o los hombros. Todos los jugadores se precipitan tras la pelota y así empieza una lucha encarnizada para no dejarla caer, y para obligar al adversario a cometer una falta. Uno coge a otro por el cuello y éste se retuerce; se dan codazos y se hacen zancadillas. El que deja caer la pelota (o sea el último que la haya tocado antes de que caiga al suelo) es alejado del campo, lo mismo que el que la toque con las manos, los pies o la cabeza. El que sale del campo está obligado a pagar una parte del costo de la pelota y de la organización del partido.»

LA REBELIÓN MILITAR

La gran masa del pueblo acabó por no verse asaltada por la esclavitud de la ignorancia. En el tiempo transcurrido desde los inicios del Imperio, se originaron varias revueltas, recordados en el Popol Vuh, pero cada vez los esclavos mayas fueron derrotados por la sabiduría, la astucia y la prevención de la clase dominante, que se encerraba en los templos y las pirámides, que asimismo eran depósitos de víveres y pertrechos, limitándose a resistir allí el asedio del pueblo, y llegando a los riachuelos por medio de pasadizos subterráneos y secretos.

Los rebeldes no sabían cuando debían sembrar, no entendían las voces de los dioses sin la intervención sacerdotal, y perdían siempre la batalla.

Sin embargo, finalmente las cosas cambiaron. Ya no fue el pueblo el que se rebeló sino la nueva casta militar, creada durante las campañas, que acababa de conducir a los ejércitos mayas hasta los volcanes de Nicaragua. El nombramiento del comandante del ejército era electivo, sin que importase si la rosa de los candidatos quedaba establecida por la clase dominante. En la embriaguez del poder, tanto mayor es la misma cuanto mayor es la ignorancia de quienes la detentan. Los generales azuzaron el descontento popular y estalló la revolución, de modo que esta vez la clase dominante acabó por ser destruida. La fuerza bruta había triunfado contra la inteligencia y la cultura. El candidato de la clase dominante guió a los revoltosos.

Los militares, por su parte, en la época del Imperio maya eran pésimos políticos. Y lo único que supieron hacer fue sustituir a los dominantes de ayer con menos inteligencia, escasa cultura y aún menos ductilidad, todo lo cual trataron de compensar con la violencia. Los obeliscos de Tikal recuerdan el período de la dictadura militar. En lugar de los sacerdotes emplumados, revestidos con los espléndidos atavíos multicolores en los que lucían los penachos del quetzal, el ave sagrada de los dioses, verde en el dorso y rojo de fuego en el pecho, provisto de una larguísima cola, como la del ave del paraíso, hubo guerreros esculpidos, revestidos con las corazas de la época, compuestas de dos espesas telas de algodón vegetal, con unos tres centímetros de compacta fibra de sisal. Esto bastaba para proteger al cuerpo de las flechas con punta de sílice, disparadas por arcos y cerbatanas.

Después, hacia el siglo VII d. C., estalló la rebelión popular, que debió ser de una ferocidad inaudita, ya que su última consecuencia fue el abandono de toda la zona del viejo Imperio por parte de la población.

En verdad, nadie ha conseguido dar una explicación satisfactoria de esta misteriosa emigración en masa, dirigida principalmente al Yucatán. Las teorías son variadas, pero los obeliscos de Tikal demuestran la violencia de la revuelta, que no perdonó ni a uno solo de los rostros esculpidos, rostros de sacerdotes, de hombres civiles, de militares, siendo incluso destruidos los semblantes de algunos dioses, pues las masas del pueblo maya golpearon las piedras sin perdonar a nadie.

Algunos templos fueron pasto de las llamas y fueron violadas numerosas tumbas. Luego, la población se puso en marcha hacia el norte y lentamente la selva tropical trepó a las cumbres de las pirámides, ocultando el centro sagrado bajo un manto impenetrable de verdor. Uaxactún, Palenque, Piedras Negras, todos los centros sagrados de la selva tropical sufrieron la misma suerte. Ni siquiera en 1929 el famoso aviador Charles Lindberg sobrevolando El Petén en busca del célebre tesoro de los aztecas, logró descubrir los restos de las ciudades sepultadas en la selva.

UNA VISIÓN GLOBAL DE LAS PRIMITIVAS TIERRAS MAYAS

Izapa y la costa del Pacífico

La civilización Izapana es crucial para el problema de hasta qué altura llegó la cultura entre los mayas, ocupando un lugar intermedio en tiempo y espacio entre la Formativa Media Olmeca y la Primitiva época Clásica maya. Su señal distintiva es un elaborado estilo artístico, que se halla en monumentos diseminados por una amplia zona desde Tres Zapotes en la costa de Veracruz a la llanura Pacífica de Chiapas y Guatemala, llegando a la zona de la capital guatemalteca.

Izapa es un emplazamiento formado por más de ochenta templos semienterrados hoy día, justo al Este de Tapachula, Chiapas, o sea en la región húmeda que dista del Pacífico unos treinta kilómetros.

Es polémico que esa zona pertenezca, culturalmente hablando, a México o a los mayas, pero lo cierto es que la lengua de tiempos antiguos no era la maya sino la tapachulteca, dialecto del grupo lingüístico zoqueano.

Si bien Izapa se fundó como centro ceremonial en los primeros tiempos Formativos, y continuó en uso hasta el Primitivo Clásico, el conjunto de construcciones y probablemente todos los demás monumentos en roca tallada, pertenecen al Formativo Posterior y a la era protoclásica.

El estilo artístico de Izapa se centra principalmente en escenas grandes y concebidas ambiciosamente, grabadas en bajorrelieves. Muchas de las actividades que en éstos se pueden admirar son profanas, como la persona ricamente ataviada decapitando a un enemigo vencido, pero hay también deidades. Ciertos elementos recurrentes representan, al parecer, motivos iconográficos bien comprendidos, como una forma en U entre barras diagonales sobre la escena principal, quizás una ocurrencia primitiva de la banda celeste tan difundida en el arte clásico maya. La forma en U podría ser el prototipo del glifo maya que representaba a la Luna, y se repite muchas veces en el mismo relieve.

EL IDEARIO MAYA

Como en casi todas las civilizaciones primitivas de las que tenemos noticias, resulta extremadamente difícil separar el primitivo conocimiento científico de su contexto ritualístico, pero esto no debe hacernos suponer que un pueblo como el de los mayas o el de los sumerios no habían desarrollado un considerable conjunto de información derivada empíricamente acerca del mundo natural.

En realidad, la aritmética y la astronomía habían alcanzado un nivel comparable al logrado por los antiguos babilonios, superando en algunos aspectos, a los egipcios, aunque no se debe exagerar.

La ciencia, en el sentido moderno, no estaba presente en tales pueblos. En su lugar se halla, como en las civilizaciones centroamericanas, una combinación de datos astronómicos exactos con lo que solamente se podría llamar numerología, desarrollada por los sacerdotes con fines religiosos.

En efecto, el conocimiento actual del antiguo pensamiento maya sólo ha de representar una pequeña fracción de todo el conjunto, puesto que de los miles de obras en las que quedaron inscritos su ritual y sus conocimientos, tan sólo tres han sobrevivido a los tiempos modernos. Tales obras fueron escritas en largos pedazos de cortezas de árbol, dobladas como pliegos y cubiertas de yeso.

Según las fuentes primitivas, los libros mayas contenían historias, profecías, cantares, «ciencias» y genealogías, pero los tres ejemplares citados sólo son totalmente rituales, o astronómicamente rituales, obras compiladas en la zona septentrional durante la época pos-clásica.

El Universo y los dioses

La idea de unas creaciones y destrucciones cíclicas es un rasgo típico de las religiones centroamericanas, como lo es de las orientales. Los aztecas, por ejemplo, creían que el universo había pasado por cuatro fases, y que ahora estábamos en la quinta, cuando la tierra sería destruida por terremotos.

Los mayas pensaban lo mismo, en términos de eras de gran longitud, como el «kalpas» hindú. Existe la sugerencia de que cada una de esas eras mide trece baktuns, o sea algo menos de 5200 años, y que Armageddon destruiría a los pueblos degenerados del mundo y a todo lo creado el día final de la era decimotercera.

Así, siguiendo la correlación Thompson, nuestro presente universo habría sido creado el 3113 a. C., para ser aniquilado el 24 de diciembre del 20 H, d. C., cuando el Gran Ciclo de la Larga Cuenta llegará a su totalización.

La cosmología maya resulta muy difícil de reconstruir sobre nuestros datos tan irregulares, pero aparentemente los mayas concebían a la Tierra lisa, provista de cuatro esquinas, cada una correspondiendo a un punto cardinal, con un color distinto: rojo para el Este, blanco para el Norte, negro para el Oeste y amarillo para el Sur, con verde en el centro.

El firmamento poseía numerosos peldaños, como en una gradería, y estaba sostenido por cuatro Bacabs, o dioses atlantes, con las apropiadas asociaciones de color. Alternativamente, el cielo estaba sostenido por cuatro árboles de especies y colores diferentes, con el árbol ceiba, o algodonero, en el centro.

Cada una de las tres capas de cielo tenía su propio dios, siendo la superior la del ave «muan», una especie de búho chllón. El submundo tenía nueve capas y cada una estaba gobernada por un «Señor de la Noche». Ese lugar frígido e infeliz era el destino final de la mayoría de mayas después de la muerte, y a su través pasaban los cuerpos celestes como el Sol y la Luna tras desaparecer en el horizontes.

Los códices del arte Clásico y del Pos-clásico sugieren que la tierra llana era el lomo de un monstruoso caimán que descansaba en una balsa llena de lirios de agua. Su contrapartida en el cielo era una serpiente de doble cabeza, idea que probablemente surgió del hecho de que la palabra «caan» = cielo, era un homónimo de la palabra que equivalía a «serpiente». En el cuerpo de la serpiente celeste no sólo estaban marcados su propio signo y unas bandas cruzadas, sino también las del Sol, la Luna, Venus y otros astros.

Sobre el panteón maya se sabe muy poco, salvo que su Olimpo estaba poblado por un número asombroso de dioses, según se ve en el manuscrito «Ritual de los Bacabs», del siglo XVIII, en el que se mencionan por sus nombres 166 deidades, y en los códices de la pre-conquista, donde se distinguen más de treinta.

Esta multiplicidad teogónica daba por resultado que los dioses poseyeran diversos aspectos. En primer lugar, cada dios no sólo era uno, sino cuatro individuos, asignados separadamente a direcciones coloreados. En segundo lugar, algunos parecen haber tenido una contrapartida en el sexo contrario en calidad de consorte, como un reflejo de la filosofía dualista centroamericana: la unión de principios opuestos. Y finalmente, cada dios astronómico tenía un avatar en el submundo, muriendo y volviendo luego a reaparecer en el cielo.

Mientras algunas fuentes mayas dan un dios Uno y Solo (Hunab Ku), incorpóreo y todopoderoso, la deidad suprema era Itzamná, «Hogar lagarto», pintada como un anciano de nariz romana en los códices, inventor de la escritura y patrono de la enseñanza y las ciencias. Su esposa era Ix Chel, «Dama del Arco Iris», la vieja diosa de lo textil, la medicina y el parto; es posible que también fuera la vieja diosa Luna, pero las serpientes de su cabellera y las garras de sus pies y sus manos indican que era la equivalente de Coatlicue, la madre azteca de los dioses y los hombres. Los demás dioses, incluyendo a los Bacabs, fueron aparentemente los hijos de esa pareja.

Abundando en los dioses mayas

El dios Sol, Ah Kinchil, es en los códices muy semejante a Itzamna, pudiendo ser uno de sus aspectos. En su viaje nocturno bajo la tierra se convertía en el dios Jaguar, de aspecto feroz, a menudo grabado en los monumentos clásicos. Se creía que una dama joven, semidesnuda, prominente en el Codex de Dresde, representa a la diosa Luna, Ix Ch´up, «La mujer». Otras deidades celestiales eran la Estrella del Norte y varios disfraces de Venus.

En las esquinas del mundo se hallaban los benévolos Chacs, los dioses de la Lluvia, cada uno de color distinto, pero todos sumamente venerados por los mayas, que los consideraban como manifestados en el relámpago y el trueno. También había cuatro Pauahtuns, cuyo significado se desconoce, y los cuatro Bacabs, presidiendo cada uno un cuarto del período de 260 días por turnos. Abajo, naturalmente, estaban los infiernos presididos por algunos dioses siniestros, especialmente por la Muerte misma, dioses llamados Cumhau, Ah Puch y Cizin.

Además, había patronos de las clases y profesiones sociales. Encabezando la lista estaba Kukulcan, dios de la casta rectora; aunque su culto llegó a su culminación en la época tolteca, había numerosas representaciones de serpientes emplumadas en, por ejemplo, Tikal. Diversos dioses bélicos eran venerados por los soldados, algunos claramente héroes deificados, famosos por sus conquistas.

Para los mercaderes y los plantadores de cacao estaba Ek Chuah, de cara negra, y nariz muy larga, y asimismo había deidades para cazadores, pescadores, apicultores, artistas del tatuaje, comediantes, cantantes y poetas, danzarines, amantes y hasta suicidas.

Hubo dioses relacionados con el linaje y la descendencia, aunque éstos tenían una línea menos definida, uno de los cuales era Bolon Dzacab, cuyo rostro de nariz barrocamente ramificada puede contemplarse en los adornos ceremoniales y los cetros que en los antiguos monumentos clásicos levantan personajes de alta prosapia.

En contraste con los aztecas, los sacerdotes mayas no eran célibes. Los hijos sucedían a sus padres en el oficio, aunque algunos eran hijos segundones de los señores. Su título, Ah Kin (del Sol) sugiere una íntima relación con el calendario y la astronomía, y la lista de deberes subrayada por Landa pone en claro que la enseñanza maya así como el ritual estaba en sus manos.

Entre tales deberes se hallaba el cómputo de los años, meses y días, los festejos y las ceremonias, la administración de los sacramentos, los días y las estaciones fatídicos, los métodos de adivinación y las profecías, los acontecimientos y las curaciones de las enfermedades, y la lectura de misivas y otros documentos…, aunque también mantenían las genealogías importantes.

Durante la prosperidad de la ciudad de Mayapán, un sumo sacerdote hereditario residía en la misma, siendo su principal función, al parecer, ser el rector de una academia para el adiestramiento de los candidatos al sacerdocio, aunque en ninguna fuente se halla tal autoridad ni entre la clase sacerdotal ni entre la civil.

Al sacerdote le asistían en los sacrificios humanos cuatro ancianos, llamados Chacs en honor al Dios de la lluvia, los cuales sujetaban los brazos y las piernas de la víctima, mientras otro individuo, que ostentaba el título de Nacom (como el comandante de la guerra) le sajaba el pecho.

Otro funcionario religioso era el Chilam, una especie de chamán visionario que recibía mensajes de los dioses en un estado de trance, y cuyas profecías eran interpretadas por los sacerdotes en asamblea.

Todos los actos rituales de los mayas estaban dictados por el calendario, sobre todo por la cuenta de 260 días. Estas representaciones sagradas estaban imbuidas de significados simbólicos. Por ejemplo, los números 4, 9 y trece con los colores direccionales aparecen repetidamente.

Antes y durante los rituales se observaban severamente los tabús de comida y la abstinencia sexual, y la automutilación se llevaba a cabo por medio de agujas y espinas gruesas, horadando las orejas, las mejillas, los labios, la lengua y el pene, en tanto se empapaba un

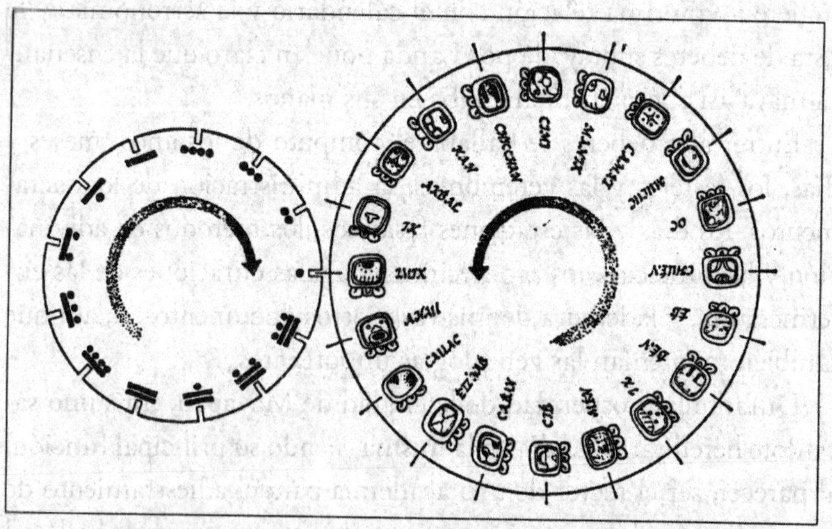

Representaciones esquemáticas de la cuentas de 260 días

papel con la sangre o se usaba para untar a los ídolos.

En vísperas de la Conquista, esos ídolos eran frotados con copal y goma, y alimentados ritualmente.

LOS MAMES Y EL CRISTIANISMO

El Jesús de los mames

Los mames, según la mayoría de indios, son los beocios de la tierra de los mayas. En la actualidad viven en las provincias de San Marcos y de Huehuetenango, junto a la frontera con México, y son los más separados del resto del mundo, los más pobres y los menos conocidos de Guatemala.

Si resulta relativamente fácil llegar a cualquier lugar de importancia, las dificultades que existen para internarse en aquella región todavía son casi insalvables. No hay carreteras, que los indios apenas necesitan, y apenas hay escuelas ni estafetas postales, para centenares de aldehuelas; las montañas son escarpadas, de difícil acceso y socavadas por profundos valles, que serpentean hacia la selva tropical del Chiapas mexicano.

El tiempo parece haberse estancado allí por completo, e incluso el apostolado cristiano, que aparece acá y acullá, precariamente, se halla aún oprimido por los obstáculos de un paganismo absoluto, tradicional y muy difícil de desarraigar.

En su inmensa mayoría, los mames nada saben de Jesús. Y los pocos que conocen su existencia tienen de Él una noción tan rara, absurda e ingenua, que vale la pena resumirla, de acuerdo con las palabras del profesor norteamericano Charles Wagley, de la Universidad de Columbia, Nueva York.

«Al principio la tierra era plana y no había valles ni montañas. El padre José y la madre María Santísima fueron los primeros indígenas de la Tierra. El primer varón fue José, que hizo la Tierra, y luego vino María, su esposa. Más tarde, José hizo los hombres.

En aquellos tiempos las cargas eran ligeras porque no existían ni colinas ni valles que las hicieran pesadas. El mundo era una «pura llanura». Cuando el padre José hizo la Tierra, ni él ni otro hombre cualquiera pudieron ver lo que estaban haciendo. Siempre era de noche y la gente ignoraba cuándo debía trabajar y cuándo dormir. Entonces, el padre José construyó una gran máquina: el Sol y después la Luna.

Fue entonces cuando vino al mundo Jesucristo, el primer hijo de María y José. Cuando ella estaba encinta, llegó el diablo y le dijo a José que el niño no era hijo suyo. Le contó que María había tenido numerosos amantes, pero José no creyó al diablo y lo arrojó lejos de sí.

Al día siguiente de haber nacido, Jesús ya se sentó y en cuatro días alcanzó su completo desarrollo. Le explicó a su padre José que se llamaba Jesucristo y que no debía trabajar en esta Tierra porque su hogar estaba arriba. Jesús díjole a su padre:

«—No te preocupes, padre, porque construiré otro mundo y tú podrás ayudarme.

»Hizo montes y valles, les dijo a los hombres cuándo debían trabajar y cuándo dormir, y que tomaran tres comidas al día. Luego, trazó sobre los montes los senderos para que los indígenas pudiesen viajar. Y los indígenas fueron dichosos.

»Pero el diablo se enfureció y exclamó:

»—¡No estamos acostumbrados a estas alturas! ¡Todo esto es obra de este hombre, José, y de su hijo! ¡Es preciso matarles!

»Entonces, los diablos buscaron a Jesús por espacio de veinte días, durante los cuales Jesús huyó, y los hebreos, «los agentes del diablo», les preguntaron a los pavos y a las gallinas y a todos los animales que hallaban al paso si habían visto a Jesús.

»Todos estos animales eran espías y enseñaron a los hebreos dónde le encontrarían. Sólo las mulas y los caballos no eran espías, de modo que callaron. Por esto la gente no los mata, sacrificando en cambio pavos y gallinas. La vaca, especialmente, se portó muy mal, y por esto la gente la mata y vende su carne como comestible.

»Jesús huyó de los hebreos durante cuarenta días, estando muy asustado. Cierto día, los hebreos le iban pisando los talones, y El halló un caballo muerto. Dio un gran salto para no dejar huellas y se ocultó en el estómago del equino muerto.

»Cuando llegaron los hebreos no le vieron y se alejaron, rechazados por el mal olor. Jesús, entonces, salió y se encaminó en dirección contraria. Al día siguiente, los hebreos fueron a capturarle, pero Jesús se escondió entre los ramajes de una palma. Primero cavó un hoyo con el pie de la planta, y salió del mismo andando hacia atrás para dejar huellas falsas, y después volvió a esconderse entre los ramajes.

»Cuando llegaron de nuevo los hebreos, todos se precipitaron al hoyo, pero Jesús apareció y allí los enterró. Después de los cuarenta días, finalmente, y una vez fuera del hoyo, los hebreos prendieron a Jesús y lo ataron a un árbol. Luego, le cargaron con una cruz y le obligaron a andar muchos kilómetros hasta el lugar de su ejecución. Al día siguiente lo crucificaron, clavándolo a la cruz y colocándole una corona de espinas.

»Ya muerto, lo arrojaron a una tumba, "pero la misma noche, Jesús ascendió al cielo". Cuando dos días más tarde los hebreos fueron en busca del cuerpo, se amedrentaron al ver que ya no estaba en el sepulcro. Preguntaron a mucha gente adónde había ido, y les respondieron que estaba en el cielo. Los hebreos, aterrados, se ocultaron entre los árboles, pero se desencadenó una espantosa tormenta, con relámpagos y truenos, cada uno de los cuales mató a uno de ellos.»

La leyenda anterior puede dar buena cuenta de la pobre mentalidad de los indios mames. De hecho, Jesús ha tomado entre ellos el sitio de la mitología, con un dios nacido de los hombres y, por tanto, de origen extraño. Pero el concepto de la redención humana y su sacrificio ni siquiera lo han intuido jamás.

En cuanto a los hebreos, cierto es que los mames no tienen la menor idea de quiénes eran, pensando acaso que se trata de espíritus malignos, como lo atestigua la expresión «agentes del diablo».

De todos modos, queda en pie el hecho de que la presencia de un Jesús en el Olimpo no ha transformado el precedente de los dioses mayas, que se dividen en dos categorías: los santos y los guardianes de las montañas.

Los primeros son los espíritus de las cosas supremas; los segundos, los señores de las cosas circunstanciales. Respecto a Jesús, a veces lo confunden con el antiguo Dios Creador. Pero en Santiago Chimaltenango creen que nació en esa región, que fue crucificado en el Calvario vecino, y que el Vía Crucis tuvo lugar en el poblado.

Por otra parte, los santos son los dioses locales, empezando por Santiago que, dicen, se casó con Santa Ana, cuya imagen está a su lado en el templo, aunque él no está en muy buenas relaciones con su mujer, pues está convencido de que un día en que él estaba bebido, ella le engañó con el santo del pueblo contiguo.

En realidad, se trata al parecer de Santiago Patrón, porque en el templo del pueblo hay dos, uno al lado del crucifijo y el otro a la derecha del altar.

Resulta arriesgado decir con qué santo le engañó su esposa, pero todos saben que el hecho ocurrió con San Sebastián, patrón de una población próxima a Santiago Chimaltenango.

Todo esto, en realidad, demuestra que los mayas de la comarca han conservado los conceptos religiosos fundamentales de sus antepasados, cambiando sólo los nombres y, a veces, el aspecto exterior del culto.

Segunda Parte

HISTORIA DEL PUEBLO MAYA

Buceando en el pasado

Es bien sabido que los orígenes de los mayas son muy inciertos. Lo único que parece seguro es que la civilización maya fue el resultado de la azteca, aunque después llegara aquélla en algunos puntos a mayor altura que la mexicana y tuviese en la misma una influencia refleja.

La inmigración de los pueblos mayas debió tener lugar hacia el año 700, época en que introdujeron la escritura, y que corresponde a la del documento tolteca «Anales de Quanhtitlán», que indica como el de máxima expansión de la cultura tolteca.

La fecha más antigua que poseemos es la de una placa de nefrita y corresponde aproximadamente a mediados del siglo X, mientras que la última descubierta corresponde a principios del siglo XIV.

Bouditch llegó a una conclusión diferente, basándose en otras consideraciones históricas, pero apoyándose en las fechas resultantes de los monumentos y, ante todo, del libro *Chilam Balam,* de Mani.

Las fechas fijadas hipotéticamente por aquél son:

Fecha de las inscripciones de Yaxchilán........................ 75 a. C.
Fundación de Palenque .... 15 a. C.
Fundación de Copán .... 34 d. C.
Fundación de Piedras Negras .... 109 d C.
Fundación de Quiriguá .... 195 d. C.

Abandono de Copán .... 231 d. C.
Abandono de Quiriguá .... 292 d. C.
Fundación de Petén (Ceibal) .... 298 d. C.
Fundación de Chichén Itzá .... 348 D. C.

Esta cronología no es satisfactoria, ni mucho menos, puesto que únicamente se puede decir que las ciudades más antiguas son las de Chiapas, del Petén y de Honduras, y que los quichés y los cakchiqueles parecen más recientes.

Aparte de la teoría del paso de los indios por el Estrecho de Bering, existen otras teorías, quizá sería mejor llamarlas hipótesis, según las cuales los pobladores de América podían haber llegado del misterioso continente Mu, de la Atlántida, citada por Platón, e incluso, de acuerdo con la creíble explicación dada por von Daniken, del espacio.

Sin embargo, todo son solamente conjeturas que, en realidad, a nada conducen, o al menos habrá que esperar tal vez siglos o milenios para que los sabios puedan desentrañar realmente tan misterioso origen.

Entrando en el terreno histórico, cuyas principales fuentes son los libros de Chilam-Balam, así como las obras españolas de Landa y Cogolludo, parece que los chanes o itzas partieron de Nonual, al

Pintura mural del Templo de los Guerreros en Chichén Itzá

oeste del Yucatán, llegando a este país tras 89 años de vida errante, conducidos ya por Cuculcán, ya por otro jefe.

Los itzas se dividían en cuatro grupos, cuyo nombre correspondía a los sitios de donde eran originarios.

Llegados al emplazamiento de Chichén Itzá fundaron esta población y tomaron la denominación de «hombres de Itzá». También edificaron Izamal, Tihoo y Champotón, llegando más tarde los tutul-xius o toltecas, que antes de establecerse vagaron durante 99 años por el Yucatán.

Permanecieron 50 años en el Bacalar, cerca de Honduras inglesa, y luego conquistaron Chichén Itzá, cuyos habitantes adoptaron el nombre de mayas y erigieron la ciudad de Mayapán. Los toltecas continuaron sus conquistas, fundaron Uxmal y repoblaron Chichén Itzá, que habían abandonado; más adelante se aliaron con los mayas o itzas de Mayapán, ciudad que adquirió gran renombre. Sus jefes mayas, pertenecientes a la familia de los cocomes, dominaron el resto del país, y después de unirse a los mexicanos de Tabasco y Xicalanco, conquistaron Chichén Itzá. Más tarde, los vencidos se apoderaron a su vez de Mayapán, que cien años después fue saqueada por las tribus salvajes de los montes de Huitzil.

Los cocomes huyeron al distrito de Zotuta, donde fundaron Tibulón; otro clan, llamado de los chela, se estableció en Tihoo y los toltecas se quedaron en Mani, y entre estos tres pueblos, que se odiaban, quedó repartido el Yucatán, aunque los mexicanos mantuvieron una guarnición en Mayapán.

A la llegada de los españoles, aparte de los tres reinos nombrados, existía una porción de pequeños Estados rivales que ascendían a unos 18, y que, aunque en continua guerra entre ellos, opusieron una enérgica resistencia a los conquistadores españoles, quienes llegaron por primera vez al Yucatán en 1511. Un tal Valdivia, naufragado cerca de Jamaica, llegó con 20 compañeros en una chalupa sin velas a la costa maya y el cacique de la comarca mandó sacrificar a cinco de los náufragos.

Los demás murieron en su huida, excepto dos, llamado Aguilar uno de ellos, al que Cortés encontró en 1519. Hernández de Córdoba, en 1517, que llegó al Yucatán con varias carabelas, fue bien recibido por los naturales del país, pero en Champotón fue atacado y vencido por sus habitantes, dejando en su poder un par de prisioneros.

Diego Velázquez, gobernador de Cuba, envió entonces a su sobrino Juan de Grijalva, que siguió la costa hasta el lugar donde después se erigió Veracruz. De la conquista del Yucatán existe una crónica maya escrita por Ix Nakuk Pech, que relata con veracidad y exactitud los acontecimientos aunque no se atreve a mencionar los reveses de los españoles, que a las órdenes del adelantado Francisco de Montejo sometieron diversos pequeños Estados, algunos de los cuales les reconocieron voluntariamente como a sus amos, y no sin trabajo se adueñaron de Chichén Itzá, que abandonaron en 1535, así como de otras ciudades mayas.

Montejo también conquistó Campeche y regresó a España, delegando sus poderes en su hijo. En 1542 se fundó la ciudad de Mérida en el emplazamiento de Tihoo y se repartieron las tierras con los indios que allí vivían. En 1544 llegó el obispo Toral y hubo gran número de bautizos, aunque también hubo muchas rebeliones, ahorcándose a muchos mayas, si bien al parecer, los ahorcamientos cesaron en 1546.

En 1549, el Yucatán fue agregado a México y en 1560, a la llegada del primer gobernador, Quijada, estaba ya la parte septentrional del territorio completamente en poder de España.

En la región meridional no ocurrió lo mismo. En 1537, el padre Las Casas y Pedro de Angulo trataron inútilmente de cristianizar la región de Veracruz; en 1555 los lacandones mataron a dos misioneros y 30 indios cristianos, y si bien cuatro años más tarde sufrieron un severo castigo, no fue posible conseguir su sumisión.

LA CAÍDA DE TECUN UMAN

La potencia de los quichés quedó arruinada por Pedro de Alvarado, antes de ser arrasada Utatlán, en el campo de batalla de Pajaká, que se alzaba en los confines del territorio mamés, pero estos indios no estuvieron presentes en la batalla más decisiva de Centroamérica.

Los cakchiqueles se habían aliado con los conquistadores españoles; los tzutujiles, seguros de poder defender sus tierras, respondieron a la petición de los quichés para formar una «alianza sagrada» en forma negativa; y los mames estaban en una situación de «espera», pues en los últimos siglos sus encuentros con los quichés habían sido muy frecuentes.

Considerando las relaciones de Pedro de Alvarado y las leyendas que todavía circulan entre los mayas, parece claro que la de Pajaká fue una batalla desesperada, con la presencia del guerrero héroe Tecún Umán, al que algunos cronistas de la época designan como rey de los quichés. En realidad, era solamente el comandante supremo de las fuerzas quichés, único cargo electivo de aquel pueblo.

Quien ejercía la soberanía era el jefe del estado, llamado Ahau-Ajpop, al que seguía Aj-Pop Camjá, una especie de vicepresidente, en tanto le ayudaba en el desempeño de los negocios públicos, y al final venía el Nim Chocoj Cagüek, miembro de la familia de los Cagüek, comandante supremo del ejército.

Cuando los españoles llegaron a América Central, los indios se regían por una forma de gobierno muy especial. La antigua teocracia ya había desaparecido y se había producido una clara separación entre el Estado y la Iglesia, y el elemento militar se había apoderado de la gobernación del pueblo maya.

Cuando sucedió la catástrofe registrada por el Popol Vuh, las tres familias gobernaban por turnos a la tribu de los quichés.

Pero cuando definitivamente se escogió como patria la «tierra cubierta de bosques» las tres familias, con el fin de evitar una guerra civil desastrosa, que habría permitido a las tribus colindantes hacerse con el mando, se aliaron, aunque no hay noticias precisas sobre los acuerdos tomados.

Sea como sea, la familia Cagüek tuvo en un cierto momento la soberanía sobre sus rivales Nijaibap y Ahau Quichés, acabando por crear una monarquía que, gracias al apoyo de las trece divisiones en que se repartía el ejército, poseía un dominio casi absoluto.

Como siempre sucede, el apogeo coincidió con la iniciación de la decadencia.

Quicab el Grande había derrotado a todos sus enemigos y prudentemente los había convertido en aliados mediante el pacto de sangre, es decir, el matrimonio. Pero cuando todo parecía ser un camino de rosas, estalló una terrible revolución que derribó la monarquía.

Es obvio que el ejército, que había dirigido todas las operaciones bélicas, no se hallaba satisfecho con su reposo, por lo que consideraba al soberano con cierto desprecio, demasiado pacífico para su gusto.

> «Entonces, continúa el «Memorial de Tecpán-Atitlán», los quichés emprendieron una revolución contra el rey Quicab, siendo la misma familia del rey la que inició la lucha. Muchos parientes del rey murieron junto con otros importantes personajes. Los quichés no deseaban jurar el vasallaje exigido por el monarca, Querían que los caminos fuesen libres para el pueblo quiché, pero el rey no lo quiso conceder, y muchos se enojaron grandemente, no queriendo pagar el peaje. Por esto los quichés se rebelaron contra su rey. Los dos hijos del soberano se habían distinguido en esta lucha, llamado uno Tatayac, y el otro Ajitzá. Chituj y Quejnay eran los hijos de esos príncipes, y todos se pusieron de parte del pueblo, y el rey estuvo en conflicto con sus propios hijos, que incitaban al pueblo a no pagar tal tributo.»

Esta negativa a pagar los peajes, por lo visto, no es solamente una reivindicación inventada hoy día.

«Tatayac y Ajitza, prosigue el Memorial, se opusieron a su propia madre, que ambicionaba el cetro real, y ellos ansiaban poseer las piedras preciosas, los metales, los esclavos y el pueblo del padre.

Al fin, las trece divisiones del ejército se unieron con el pueblo, al final fueron asesinados unos cuantos cortesanos del rey Quicab, y éste terminó por transigir, compartiendo el mando con sus hijos.

«Acto de debilidad, concluye el Memorial, que decidió su perdición absoluta, y la de la monarquía. Porque la majestad real terminó en manos de la plebe, extinguiéndose así la gloria de la antigua tribu. ¡Oh, hijos míos! Porque a partir de entonces el pueblo obró por sí solo, y el monarca se convirtió en un rey del pueblo.»

Lo que da a entender la política que dictó las palabras del mencionado Memorial.

Pero no sobrevino una república en el moderno sentido de la palabra, sino una oligarquía que todavía dominaba cuando Tecún Umán se enfrentó valerosamente a los españoles en Pajaká, el 3 de marzo de 1524. La batalla fue tremenda. Pedro de Alvarado, en su relación, narra la resistencia desesperada de los indios, guiados por el guerrero-héroe quiché que había derrotado a todos sus enemigos, pero que, como auténtico militar no había sabido conquistar el aprecio de los vencidos.

Tecún Umán cayó en la batalla, y Alvarado cuenta que él mismo fue a admirar al gigantesco enemigo, cubierto de plumas verdes de quetzal y magníficas vestiduras.

La leyenda añade que, en un momento dado, Tecún Umán se dirigió a Alvarado e intentó derribarle del caballo. Logró desgarrar el peto del animal, pero en aquel instante Alvarado le atravesó el corazón con su lanza. Tecún Umán exhaló un grito y expiró; sigue la leyenda diciendo que un quetzal, que desde el comienzo del combate estaba revoloteando por encima de la cabeza de Tecún Umán, cayó muerto al suelo en el mismo instante que el guerrero.

Por consiguiente, los dioses cayeron con Tecún Umán en Pajaká y aquel mismo día finalizó la historia de la independencia de los quichés.

Otra tribu que resistió largo tiempo fue la de los itzas del Petén. En el siglo XVII fracasaron varias expediciones contra ellos, y los lacandones; en 1697, otra expedición derrotó a los itzas y se apoderó de su principal fortaleza, pero los lacandones siguieron con su independencia.

En el siglo XIX, el carácter indomable de los mayas, que han conservado intactas todas sus tradiciones hasta hoy, con sus cualidades de raza y lengua, viva aún en el Yucatán, y de la que hay libros y periódicos, dio mucho tormento a los mexicanos.

En 1847 hubo una sublevación general, y aunque los mexicanos tomaron al asalto la fortaleza de los rebeldes, Chan Santa Cruz, la guerra de guerrillas prosiguió todavía por espacio de 50 años. El general Porfirio Díaz los pacificó en 1901, pero en realidad hasta 1916, bajo el gobierno provisional del general Venustiano Carranza, y gracias a la política administrativa del gobernador del estado general Salvador Alvarado, no fue factible la pacificación de los mayas en sus territorios, particularmente por la devolución de las tierras de que habían sido despojados.

Por otra parte, en la actualidad continúa el mismo problema social, tal vez más acuciante todavía, en el Estado mexicano de Chiapas entre el Gobierno y la guerrilla indígena, descontenta con su precaria situación, que ve diezmar su población a causa del hambre y los crueles combates.

LA DECADENCIA INEXORABLE

Las poblaciones emigrantes, como vimos, se establecieron en el Yucatán. Resulta difícil entender por qué se eligió esta península que se extiende entre el Golfo de México y el mar Caribe. Su tierra era aún más pobre que la de El Petén, faltando además el agua por completo, sin que fuera posible excavar balsas artificiales para retener la lluvia, toda vez que el suelo está repleto de fisuras y es poroso como la epidermis humana, y el diluvio tropical aparece de improviso.

En la hondonada, totalmente falta de altos árboles, centellean los cenotes, lagos naturales de distintas profundidades.

Hoy sabemos que bajo la árida corteza del Yucatán se extiende un inmenso lago de agua dulce, y que los cenotes se vivifican cuando un corrimiento del suelo descubre una pequeñísima fracción del espejo de agua subterránea.

Esto, no obstante, los mayas lo ignoraban. Sin embargo, muchos de sus centros sagrados se edificaron en la región de las colinas, donde no hay cenotes y el problema hidráulico tenía que solucionarse con la construcción de cisternas subterráneas, con cimientos y paredes de ladrillo, a cuyos acueductos, todos ellos un prodigio de equilibrio, convergían todos los regueros del agua de lluvia. Así surgieron Uxmal, Chichén Itzá, Mayapán, Xlapak, Kabah, Sayil y otras ciudades, pero el Imperio Maya ya había muerto al perder su espíritu uniformador.

Allí, la religión maya se transformó radicalmente. Las serpientes de cascabel, que llegaron de México tal vez con los primeros mercenarios toltecas, devoraron a los antiguos dioses, mientras el pueblo edificaba nuevas poblaciones sagradas, más sólidas que las de El Petén, pero en cambio faltas de ideas renovadoras, más materialistas.

Era la época del barroco. Triunfaban los ornamentos, así en Labná, edificaron un arco que incluso hoy día nos parece prodigioso, pero en realidad se trataba de un arte reflejado, sin que fuese posible resucitar ya la gracia del arte pretérito.

La única novedad fue el motivo de la serpiente de cascabel, la Serpiente Emplumada, repetida monótonamente.

Y empezó la guerra civil. Los príncipes, mandatarios de cada ciudad arremetieron uno contra otro, y para prevalecer no vacilaron en comprar mercenarios, pero a la larga jamás los mercenarios han vencido en favor de quien los alquiló.

Los habitantes de las ciudades, aterrados, abandonaron las campiñas, construyeron las cabañas lejos de las poblaciones sagradas en las que habitaban los jefes, los artesanos y los siervos, y rodearon con altas tapias la mísera tierra que tenían que labrar.

El temor los paralizaba, sin ser capaces de afrontar la lucha ni de morir. El pueblo que había sabido conquistar los secretos del cielo y leer en el Infinito, acabó por encerrarse mezquinamente entre las tapias de barro y piedras, confiando en que estos materiales pudieran defenderles de lo inevitable. De este modo perdieron la última libertad, la de la laboriosa soledad de campos y selvas. Aprisionándose a sí mismos, aprisionaron para siempre su propia mente.

El espíritu creador de los mayas se había agotado, y el recuerdo de los tiempos pasados se desvaneció. En todo el Yucatán no hay ni un ideograma que demuestre que alguien emigrado de las tierras del Imperio supiera interpretarlo.

Al asesinar a la clase rectora en un desesperado intento de libertad y de imposible justicia, el pueblo maya se decapitó. Es lo que ocurre siempre que la fuerza bruta prevalece sobre la inteligencia y la ética, o sea cuando la parte material del ser humano obtiene una victoria fácil sobre lo espíritual.

En ese reino de la violencia fueron obviamente los militares y los aventureros quienes prevalecieron, lo cual fue peor porque eran mercenarios extranjeros. Lo que hubiera podido ser un traspaso, fue en realidad el final, y el desconsuelo y la tristeza se apoderaron de los mayas, cuya única obsesión fue procurarse los medios materiales de la subsistencia, sobre todo el agua.

Mientras la población había vivido en chozas y cabañas diseminadas por doquier, en torno a distintos cenotes, el problema del agua se resolvía con cierta facilidad, pero con la afluencia de un número siempre creciente de aldeanos a centros ya muy poblados, la escasez de agua se convirtió en un problema fundamental, especialmente en las colinas del Sur, donde se conservan todavía las cisternas artificiales.

Por esto, incluso la Serpiente Emplumada, de la que trataremos más adelante, que en menos de dos siglos devoró a todos los antiguos dioses mayas, pasó a segunda línea frente al nuevo dios, Chaac, el dios de la lluvia y del agua, así como de la fecundación.

La tortuga y la rana, que al acercarse la estación de las lluvias surgen de sus escondites para anunciarla a los hombres, se convirtieron en objetos de culto; y cuando el nivel de agua descendía en los cenotes, los sacerdotes, para hacerla subir, echaban dentro niños y vírgenes, aunque nunca los de su propia familia, en holocausto al nuevo dios.

La máscara de Chaac se apoderó de los muros de templos y edificios. Era una máscara espantosa que enseñaba los dientes, sonriendo con una nariz en péndulo, mirando a lo alto, y cuyas orejas daban nacimiento a dos enormes falos.

Al hombre maya, totalmente desmoralizado, sólo le quedaban ya los placeres materiales, perdida su fe en los valores morales y espirituales. En Ciudad Vieja, a unos centenares de metros de Chichén Itzá, los sacerdotes erigieron un templo al falo, como veremos, único signo triunfante, como expresión de Chaac. A su alrededor se ven numerosos obeliscos adornados con búhos, las aves de la muerte.

Era el presagio final, porque el ciclo estaba cerrado, el pueblo maya había perdido su alma en el mismo instante en que acabó de creer en sí mismo, y ya sólo le esperaba la muerte.

Los mayas se enfrentaban ya con el último acto de su tragedia, puesto que para ellos ya todo se resumía en la lucha entre la vida y la muerte, entre el dios Chaac y el dios Ah Puch, señor de las tinieblas.

La vida de los pueblos, tomada en su conjunto, es igual a la de los individuos, puesto que abre los ojos al sentido de la existencia en la pubertad y, al principio está dominado por el ansia del sexo, hasta que al final lo está por la desesperación de la impotencia que, una vez más, la última, le graba en la mente la obsesión sexual, forma fatal de infantilismo senil, a la que solamente puede escapar el que haya conseguido la sabiduría.

Pero resulta difícil que la misma sea capaz de resistir el afrontamiento de la muerte, pues hasta la sabiduría es hija de la vida. Únicamente en la edad viril, cuando el cuerpo humano está en plena posesión de sus fuerzas y las facultades físicas e intelectuales gozan de un equilibrio perfecto, el ser humano puede elevarse y crear.

Luego, sobreviene la decadencia, la chispa divina del genio se apaga y viene la descomposición, que precede a la desintegración, a la muerte. El ciclo está cerrado, la perfección se ha conseguido: la nada ha vuelto a la nada.

Cuando, a comienzos del siglo XVI, los españoles desembarcaron en la península del Yucatán, primera tierra maya alcanzada por el hombre blanco, sólo quedaban dioses sin memoria del pasado y refractarios a toda influencia, vencidos, más que por los victoriosos invasores anunciados por los adivinos, por la desesperada desconfianza en el destino del hombre.

Sin embargo, el pueblo maya, que actualmente pervive en las mismas tierras aproximadamente que sus gloriosos antepasados, dejó unas huellas imborrables en sus artes y sus mitos y leyendas, entre las cuales existe la destrucción periódica del mundo por medio del agua y el fuego (mito común a muchas civilizaciones antiguas y modernas); la creación de un hombre de madera cuya rigidez es el polo opuesto de la maleabilidad del hombre soluble en el agua, incapaz de moverse, pero muy maleable.

El origen mítico del maíz era una combinación de los llamados mitos« demas» y mitos «prometeicos». Los primeros ofrecen la aparición de ciertas plantas comestibles, especialmente tubérculos, como una consecuencia de la muerte a que fue sometida una divinidad denominada «Dema» en Indonesia, en tanto los segundos se relacionan con el robo de cereales en el cielo.

La cabeza cortada de los dioses sacrificados fue el punto de partida del juego ritual del balón o «juego de pelota», de gran importancia en Centroamérica. El partido se llevaba a cabo con sumo encarnizamiento por la simple razón de que los componentes del equipo perdedor eran decapitados.

LAS ACTUALES PUEBLOS MAYAS

Los pueblos de la raza maya que todavía habitan en los territorios del antiguo Imperio Maya, están subdivididos:

Poblaciones del Altiplano:

1. Grupo quiché que comprende:

Los quiché, que viven en la zona central de Guatemala, en las provincias de Quiché, Totonicapán, Quezaltenango, Retalhuleu y Suchitepequez.

Los cakchiqueles, al sudoeste de los quiché, en las provincias de Sololá, Chimaltenango, Secatepequez, extendiéndose hasta las puertas de Guatemala capital.

Los tzutujiles, al sur del lago Atitlán, y sobre las vertientes orientales de los volcanes que lo limitan, en las provincias de Sololá y Suchitepequez.

Otros grupos menores, que se han dejado asimilar con rapidez y que emplean con preferencia el castellano.

2. Grupo man, que comprende:

Los mamés, que moran en las regiones occidentales de Guatemala, en las provincias de Huehuetenango y San Marcos, extendiéndose asimismo por la de Quezaltenango.

Los ixil, a caballo entre la provincia de Huehuetenango y la de Quiché.

Los chuj y los aguatecos, en la provincia de Huehuetenango.

3. Grupo pocomán, que comprende:

Los kekchi sobre la vertiente oriental del altiplano guatemalteco, en las provincias de Alta Veracruz, Izabal y Petén meridional.

Los pocomchi, pequeña tribu que vive en una franja de terreno entre las tierras de los quiché y la de los kekchi.

Los pocomanes, subdivididos en varios grupos y diseminados por Guatemala.

4. Grupo chorti, que vive a caballo de la frontera entre Guatemala y Honduras, manteniendo características linguales muy semejantes a las de los lacandones, que habitan en la selva tropical y hace siglos que no tienen ningún contacto con los chorti.

5. Grupo de los pipiles, que están esparcidos por las regiones guatemaltecas de Santa Rosa y Jutlapa, pero especialmente en el territorio que confina con la república de El Salvador, en las provincias de Sonsonate, Santa Ana y Ahuachapán, donde forman casi la totalidad d e la población. Este grupo, no obstante, no puede considerarse como perteneciente de pleno al tronco maya, sino que es una especie de injerto entre mayas y aztecas, con cierta aportación de sangre española.

Poblaciones de la selva tropical:

6. Los lacandones que viven entre el río Lacanjá y el Usumacinta, en el estado mexicano de Chiapas y en una reducida parte de El Petén guatemalteco, que se inicia en la margen derecha del

Usumacinta. Los lacandones, en vías de extinción, pues no quedan más de 200, viven como en la Edad de Piedra.

7. Los mayas, propiamente dichos, recluidos principalmente en El Petén guatemalteco, en la zona noroeste de Belize (Honduras Británica), en el estado mexicano de Quintana Roo, van extendiéndose hacia el norte por toda la península del Yucatán.

8. Grupos tropicales de kekchis y pocomanes, cruzados con los caribes, viven en la selva tropical que desciende hacia el golfo de Honduras, y actualmente está en contacto con los negros de Livingston, que hablan criollo «papamento», dando lugar a un dialecto local, en el que hay voces de ocho idiomas (maya, caribe, castellano, francés, inglés, danés, holandés y dialectos africanos ricanos).

Finalmente cabe mencionar a los huastecas, pueblo que habita en el estado mexicano de Veracruz, a lo largo de las orillas del golfo de México. Los huastecas hablan casi exclusivamente el idioma totonac, enriquecido con numerosos vocablos nahuatl, o sea el de los pueblos que constituían el Imperio Azteca, y que ya vivían allí cuando aquéllos se les agregaron en la época de la disgregación del Imperio Maya. Hecho quizás único en la historia de los pueblos americanos, los huastecas llevaron a esa zona los recuerdos y los vestigios de su cultura, y el centro sagrado de El Tajín es buena prueba de ello, aunque aceptaron la lengua y las costumbres de los totonac, con los que se fusionaron conservando el nombre tribal de huastecas.

DESCUBRIMIENTO DE CHILE

Habiéndonos referido a la época actual en relación con los mayas, vamos a relatar lo sucedido con motivo del descubrimiento del chicle, ese artículo tan en boga hoy día.

En 1874, unos «desperados», en general mestizos mexicanos, se aventuraron por el río Usumacinta, así como por el Salinas y el Lacandón, con el fin de sajar los árboles de la goma y recolectar el caucho que vendían en el estado mexicano de Tabasco terminada la larga campaña, que duraba de siete a ocho meses por año.

A la sazón lo recolectaban practicando una doble incisión en el tronco de cada árbol, de manera que la preciada resina cayera lentamente en un agujero excavado en la tierra al pie del árbol, agujero que hacían con el jugo de un arbusto llamado bejuco de cuajo, y a veces con el humor gomoso que trasudaba otro árbol, el chico-zapote, bastante apreciado por la calidad de su madera, muy resistente a las inclemencias del tiempo, y también por sus frutos, por fuera semejantes a las patatas, y por dentro llenos de una pulpa muy dulce y alimenticia, en ocasiones de color anaranjado, otras de marrón claro, punteado de negro por las semillas.

Los recolectores de goma, llamados huleros, por el nombre de hule dado a la goma, se dieron cuenta de que el jugo del chicozapote se solidificaba como el caucho y su sabor era bastante grato al paladar. Lo bautizaron con el nombre de chicle y aprendieron a usarlo normalmente para apagar la sed y componer figuritas de animales o santos, que solían llevar a sus casas por Navidad, cuando daban fin a su tarea.

En 1897, llegó a El Petén una misión norteamericana, a través de Belize, para estudiar los árboles resinosos, especialmente por encargo de la sociedad productora del «chewing gum», la goma de mascar aromatizada que iba tomando incremento en los Estados Unidos.

Los blancos habían aprendido este uso de los piel rojas, que gustaban de masticar varias resinas naturales, entusiasmándoles el aroma que exprimían. Los primeros fabricantes utilizaron casi todas esas resinas que, sin embargo, no eran bastante neutras para aceptar el sabor especial que deseaban darles, llegando incluso a trabajar con parafina obtenida de la destilación de la brea.

Pero los resultados no fueron suficientes y, habiéndose enterado de la existencia del chicle, todos los industriales del «chewing gum» se asociaron para organizar la primera expedición a El Petén guatemalteco. Los botánicos y químicos norteamericanos estuvieron unos meses en Flores y sus conclusiones debieron de ser óptimas, puesto que al año siguiente llegaron comerciantes que aconsejaron a los contratistas que abandonasen el caucho para dedicarse exclusivamente al chicle.

Así empezó la historia del primer «boom» en la historia de El Petén, cuyas consecuencias fueron absolutamente imprevistas.

De una parte, los hombres de la selva pasaron por un período de vacas gordas, mientras que por otra la economía agrícola de la región quedó totalmente arruinada y la población descendió de 12.000 almas a principios de siglo a 7.000 en 1921.

Aquellos años, el chicle llegó a pagarse a sus recolectores a 100 dólares las 100 libras, precio muy elevado para los chicleros, sustitutos de los huleros. Por tanto, todos los habitantes de El Petén abandonaron sus campos para dedicarse a recolectores de la preciosa goma de mascar, sin tener que esforzarse demasiado porque todos sabían encontrar los árboles, bien por la madera, bien por sus frutos.

Naturalmente, los productos comestibles se hicieron más raros en Guatemala, en la capital no tardaron en comprender que una magnífica fuente de riquezas salía del país sin que nadie pudiera ejercer el menor control sobre ello. En efecto, los cargamentos de chicle salían por la frontera de Belize, donde se hallaban ya los vendedores ambulantes que abastecían de productos a las aldeas, diseminadas, en las que vivían los recolectores.

Por fin, en 1930, después de 30 años de explotación intensiva del chicle, el Gobierno de Guatemala instituyó la primera línea aérea entre la capital y el centro recolector de Santa Elena, y junto con el avión la primera estación radiotelefónica, que finalmente puso en contacto directo a los hombres de la selva con su legítimo gobierno.

El Petén, hasta entonces, junto con toda la selva tropical de Centroamérica, había sido como un coto cerrado. De allí nada se sabía y los únicos puntos de referencia para saber algo eran los aventureros, gente analfabeta, que en nueve casos de cada diez tenían sus buenos motivos para estar lejos del alcance de la autoridad.

Por consiguiente, las noticias eran muy escasas e inseguras, y lo único cierto era que los peligros abundaban y que existía el clan de los indios seminómadas, siempre dispuestos a enviar una flecha contra los rostros pálidos que fuesen lo bastante imprudentes como para adentrarse en aquellas zonas inexploradas.

Mientras los chicleros y los lagarteros (cazadores de caimanes) se quedaban a orillas de los ríos, nada ocurría. Pero si se internaban por las zonas de las colinas, donde los árboles eran más añosos, el conflicto con los salvajes resultaba inevitable.

Los indios se mantenían alejados de los centros habitados por los extranjeros invasores, pero no se dejaban abordar en absoluto. Generalmente evitaban resistir por la fuerza y preferían huir cuando avistaban grupos de buscadores de chicle o de taladores, mas si éstos se aproximaban a las milpas escondidas en el seno de la selva, entonces trataban de defender su maíz a flechazos, lanzando las flechas con arcos y cerbatanas, el arma preferida de los antiguos mayas.

Los descendientes de los itzás, guiados a orillas del lago Chaltun-há por el jefe enamorado de la bella Sac-Nité, fueron definitivamente derrotados por el general Urzúa en 1699. Pero se refugiaron en el interior de la selva, negándose a labrar la tierra por cuenta de los conquistadores, que habían sido bastante mal informados acerca de la fiereza de los últimos indios libres, y no habían tenido en cuenta que aquéllos se hallaban completamente al corriente de los sistemas e intenciones de los blancos, sabiendo bien que la convivencia con éstos sólo tendría lugar a condición de conformarse con ser sus esclavos.

LA EXPEDICIÓN DE CORTÉS Y SUS CONSECUENCIAS

El primer español que cruzó la selva tropical fue Hernán Cortés en 1525, cuando Carlos I lo envió a la moderna Honduras para ahogar la revuelta de algunos jefes locales que deseaban fundar un reino por cuenta propia.

El mismo Cortés, unos años antes, le había ordenado a su primo Francisco de las Casas que zarpase de Veracruz en dirección a la tierra de Hibueras para castigar al capitán Cristóbal de Olid, que se había aliado con el enemigo personal de Cortés, Diego de Velázquez, gobernador de Cuba. Pero había transcurrido el tiempo sin tener noticia alguna de la expedición punitiva, por lo que Cortés decidió ir personalmente a ver qué estaba ocurriendo.

Para ello escogió la ruta terrestre por dos motivos: porque temía que Diego de Velázquez, mucho más poderoso que él en el mar, le preparara una emboscada en las costas hondureñas; y. porque de esta forma esperaba obtener nuevas relativas al tesoro de los aztecas que el príncipe Guatimozín, la noche del 1 de julio de 1520, había logrado escamotear de la ciudad de Tenochtitlán, sin que nada pudiera saberse sobre el mismo, pese al terrible tormento a que se sometió a millares de indios.

EL TESORO DE LOS AZTECAS

Está ampliamente demostrado que el príncipe indio Guatimozín, de la familia de Moctezuma, al que Cortés hizo matar más adelante, logró cierta noche hacer desaparecer el fabuloso tesoro de los aztecas. Entre las variadas hipótesis que se hicieron en aquella época, la más difundida y aceptada era que setecientos portadores que llevaban la prodigiosa carga de oro, se dirigieron al sur, hacia la selva tropical, a cuyos habitantes, de raza maya, les pidieron permiso para internarse en aquélla, a fin de buscar un refugio inviolable para el tesoro, que por ningún motivo debía caer en manos de los conquistadores.

Los mayas y los aztecas habían sido durante largos siglos enemigos irreconciliables, sin que los segundos hubieran conseguido jamás derrotar a los primeros, aunque habían podido ensanchar sus límites hasta Honduras. Los fugitivos aztecas, pues, se presentaron a los centinelas mayas con ceniza en la cabeza, y maldiciendo a los españoles.

«Lo que quieren es el oro, exclamaron. Por eso deseamos esconderlo. Esta es la única venganza que nos queda.

Los mayas de la selva ni aun sabían qué era el oro. Pero vieron que se trataba de ídolos y objetos sagrados y dejaron pasar a los expedicionarios, los cuales llegaron a una laguna, en cuyo fondo había una ciudad sumergida, y lo enterraron todo en la pirámide del dios Sol.

Luego, efectuaron con los mayas y los aztecas la prueba del secreto. Al mismo dios Sol le tocó decidir quiénes serían capaces de guardar el secreto y quiénes no, y los últimos fueron de inmediato sacrificados. A partir de entonces, y durante largos siglos, nadie supo nada sobre el asunto, pese a que los españoles no dudaron en emplear las más horrorosas torturas a fin de saber algo de tal tesoro considerado fabuloso, mas siempre sin el menor resultado.

A mediados del siglo XIX, unos 300 años después de la desaparición del tesoro, los mayas itzás eran todavía un pueblo libre en su inexpugnable selva virgen. Los ingleses estaban ya establecidos en Belize y los guatemaltecos y mexicanos se habían repartido teóricamente el resto del territorio. Pero los indios de la selva habían seguido atacando e incendiando las factorías de los colonos que osaban afincarse en El Petén.

En marzo de 1864 unas veinte familias maya-itzás realizaron una incursión a Belize, asaltando y quemando el poblado de El Socox, y exterminando a todos sus habitantes; luego volvieron a cruzar la frontera de Guatemala.

Al recibirse la noticia del ataque, el gobernador de la colonia británica encargó a un grupo de voluntarios que siguiera a los asesinos, sin tener en cuenta la frontera. Como comandante de la expedición se nombró a un sujeto al que las crónicas de la época designan como «el oficial italiano», cuyo nombre continúa en el anonimato. Tras cinco días de marchas forzadas, los perseguidores lograron sorprender dormidos a los indios en su campamento y los apresaron. Como siempre, las mujeres y los niños habían participado en el ataque a El Socox. El relato del oficial describía las escenas de dolor de las mujeres y los niños, y las justificaciones alegadas por los prisioneros. Éstos, cuando supieron que los blancos estaban decididos a llevarlos a Belize para ser juzgados por los ingleses, aseguraron que si se les permitían regresar a sus poblados entregarían a los voluntarios una inmensa cantidad de oro oculto en un sitio que sólo ellos conocían. Los blancos, propusieron los indios, podían retener a las mujeres y los niños como rehenes durante ocho días, que era el tiempo necesario para llegar al lugar del tesoro.

Esta promesa gustó a los expedicionarios, pues sabían que los indios jamás abandonaban a sus mujeres ni a sus niños en manos extranjeras. Sin embargo, fue otro el motivo que tuvieron los blancos para aceptar tal propuesta. La captura de los indios había tenido lugar a orillas de la laguna Yaloch, y en la vecindad un grupo guatemalteco de leñadores estaba abatiendo unos árboles seculares.

A pesar de las órdenes en contra del gobernador inglés, no era posible hacer cruzar la frontera a todos los indios sin que de ello se diesen cuenta los leñadores, con las complicaciones internacionales que podían derivarse del hecho. Por eso aceptaron el ofrecimiento y los indios partieron. En realidad, según afirma el relato, dos mestizos se encargaron de seguirles desde una distancia prudente, para descubrir el escondite del oro. Pero nunca más se supo nada de ellos.

Al finalizar el plazo de ocho días, al caer la noche, los indios regresaron cargados con unos pesados fardos envueltos en hojas de corozo, árbol de la familia de las palmeras. El oficial italiano quiso efectuar al momento las debidas comprobaciones: se trataba de veintiséis barras de metal, pero hasta la mañana siguiente no se dieron cuenta de que eran unas barras de oro purísimo, redondeadas, labradas con bajorrelieves con el motivo dominante del águila, y los clásicos y misteriosos símbolos de los aztecas.

Intentaron entonces lograr que los indios confesasen dónde habían hallado el oro, pero aquéllos juraron no revelarlo jamás, pues de hacerlo la maldición se materializaría y morirían todos, incluidos los blancos. Sólo consintieron en revelar que «el lugar estaba en dirección al Sol poniente, a cuatro soles de distancia del lugar donde estaban, donde había una laguna, en cuyo centro había una casa de piedra, muy alta, a cuya cima se llegaba por una escalinata, sobre la que había una abertura muy estrecha.»

Añadieron que la gran casa estaba bajo la protección del dios Teocalli, quien impediría que alguien se apoderara del tesoro, hasta que llegasen los auténticos herederos del gran emperador Moctezuma, a los que el mismo dios indicaría el camino.

«Pero esto, agregaron, sólo sucederá cuando los blancos se hayan ido.»

La expedición de castigo volvió a Belize, aunque nunca supo nadie lo referente a las barras de oro. Hubo, en realidad, muchos comentarios y dudas sobre la honestidad del gobernador inglés, pero nadie logró nunca probar nada al respecto, y el tesoro todavía sigue oculto en medio de la selva tropical. Tal vez un día algún vagabundo o aventurero lo encuentre y sea para él como una fortuna caída del cielo.

LAS ARTES DEL PUEBLO MAYA

Al hablar de las artes de los antiguos mayas forzoso es referirse ante todo a las grandes edificaciones de El Petén, en Guatemala, y del Yucatán en México, que demuestran sus grandes conocimientos en arquitectura, aunque en general habitaban en cabañas de madera, techadas con hojas de palma y análogas a las modernas.

Esas cabañas tienen forma rectangular con los extremos levemente redondeados; las paredes están hechas de estacas muy juntas, cubiertas de arcilla y provistas de dos puertas. El interior está dividido en dos partes: una para el descanso y la otra para recibir a los visitantes y amigos, decorada con pinturas.

Los monumentos son de forma cuadrada o poligonal, y a menudo se alzan sobre una pirámide muy alta, como en Yucatán, donde el país es llano o bajas en las regiones montañosas. Los edificios se distribuían de manera diferente según las regiones y no existían calles al estilo occidental, aparte de en algunos puntos de Guatemala.

Las ruinas mayas pueden clasificarse en tres grupos principales:

1. Estilo de Veracruz con aglomeraciones pequeñas, edificios orientados hacia los puntos cardinales y construidos con escasez de mortero.

2. Estilo de las tribus montañosas, con grandes aglomeraciones de edificios, algunos en forma de H.

3. Estilo de las tribus de las llanuras, con edificios orientados a los cuatro puntos cardinales y paredes de piedra y argamasa.

Este último grupo puede subdividirse en otros tres subgrupos:

—el maya propiamente dicho, caracterizado por pirámides de rápida pendiente y dinteles de madera de zapote;

—el chel con dinteles de piedra;

—y el chorti que se distingue por la multitud de terrazas y por sus grandes pirámides.

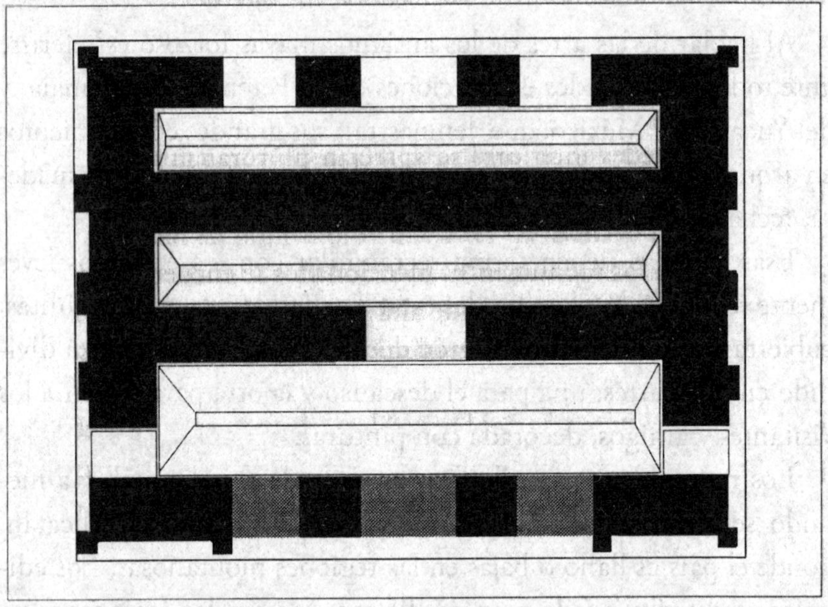

Planta del Templo Rojo de Yaxchillán

En general, los grandes monumentos son largos y poco elevados, y poseen multitud de pasillos angostos separados por paredes gruesas y techo en forma de trapecio. Uno de los mejores ejemplares de estas construcciones es el «Templo Rojo», de Yaxchilán, situado cerca del Usumacinta, pero lo más importante y conocido por este concepto se halla en las ruinas de Chichén Itzá. Abarcan estas ruinas un espacio de unos 8 km^2, repleto de piedras, centenares de columnas y gran número de muros desnivelados, sobre todo lo cual descuellan siete edificios de piedra labrada, todavía en buen estado.

Su centro fue a la vez fortaleza y templo. Desde el extremo inferior de la terraza que está a nivel de la base del mencionado templo, se extiende hacia el norte, en una distancia de 279 m. una calzada de unos 7 m de anchura que conduce al Pozo Sagrado, donde en tiempos calamitosos se arrojaba a los prisioneros de guerra y a hermosas doncellas, embriagados con balche antes del sacrificio.

Al sur del Templo de los Tigres se alza el edificio que los indígenas denominan «Chichén Chob», la prisión, sobre una pirámide que, igual que la escalinata, está casi intacta.

En las paredes interiores se aprecian pinturas murales medio borradas, pero en cambio los jeroglíficos esculpidos en la piedra parecen recién hechos.

Además de los monumentos mencionados se encuentran en este lugar sepulcros de sacerdotes de alta categoría, enterrados a 27 m. por debajo de la corona de la pirámide y a 15 m de la roca sólida; jaguares, y otras figuras esculpidas en la roca, el gran pozo natural que surtía de agua a la población, las cavernas con sus defensas prehistóricas, etc., son otras tantas cosas interesantes que ver.

La primera noticia que se tiene de Chichén Itzá procede de un documento llamado Chilam Balam, que encontró en Mani Juan Pío Pérez, el cual dice que los santos hombres itzas reinaron 120 años en Chichén Itzá, de donde pasaron a Champotón y luego regresaron a Chichén Itzá, Mayapán y Uxmal, etcétera.

En Copán y Quiriguá también se ven importantes ruinas de magníficos monumentos de tiempos remotos.

Las demás artes de los mayas tienen menos importancia. De la industria de piedra tallada nos han llegado unos cuantos ejemplares notables, de manera especial de sílice, demostrando la habilidad de los mayas en esta clase de trabajos.

Por el contrario, se conservan bastantes muestras de su escultura, bien como bajorrelieves, bien como estatuas, entre las que hay algunas de grandes dimensiones, como el llamado obelisco de

Quiriguá y las de Copán.

Generalmente, se trata de esculturas pesadas, poco graciosas y desproporcionadas, pero en cambio son de admirar los detalles de la decoración. Los bajorrelieves son más perfectos y su profundidad varía de unos milímetros a varios centímetros. Existen asimismo algunas pinturas murales, como el famoso asalto del Templo de los Tigres en Chichén Itzá. Los mayas, por lo visto, sabían dar vida a sus figuras y distinguían perfectamente el arte realista del decorativo. La cerámica también llegó a considerable altura. Aparte de vasijas para usos domésticos y de otras cilíndricas con decorado que recuerda, aunque con mayor perfección, las obras de los zapotecas tienen formas típícas, siendo frasquitos cuadrados o aplanados, que a menudo se hallan en puntos muy distantes entre sí.

El primer distintivo de la cerámica maya respecto a la azteca es la abundancia de vasijas zoomorfas y antropomorfas, frecuentemente de una magnífica ejecución. También hacían a menudo aplicaciones de tierra cocida y asimismo pintaban los vasos, cuyo soberbio ejemplo es el vaso hallado en Chama, con pinturas que representan la llegada de los toltecas a Guatemala.

EL TEMPLO FÁLICO

Las obras murales de la Ciudad Vieja, accesibles y visibles gracias a las excavaciones, ocupan actualmente un breve espacio y comprenden un pequeño templo que algunos llaman de los tres Arquitrabes, pero que en realidad es un templo fálico, muy notable, porque en todas sus cámaras dominan se les solemnes falos colosales que surgen de las paredes, y un segundo templete, totalmente derrumbado, que podría llamarse de la Maternidad, porque en su interior sólo se hallaron primitivas estatuitas de piedra, representando mujeres embarazadas.

Es probable que la reconstrucción del templete fálico no sea completa, pues faltan la parte superior y los patios ceremoniales, lo que hace suponer que los ritos debían efectuarse al socaire de las miradas públicas.

¿Es posible, que igual que ocurría en el famoso santuario hindú de Konarak, en la península de Bengala, consagrado a los dioses de la fecundidad, a cuyos sacerdotes se dirigían los esposos de las mujeres estériles, o las mismas mujeres, que se convertían en huéspedes de los santones hasta que daban muestras de embarazo?

¿Ocurría lo mismo en el templete de la Ciudad Vieja? Es harto probable. Es natural, en realidad, que una raza que sienta próxima su extinción, recurra a cualquier método para retrasarla lo más posible.

LA CULTURA ESPERANZA

La desintegración de la cultura maya en las tierras altas empezó con el final del período Miraflores, cuando la actividad constructora se fue debilitando en las ciudades más importantes. En efecto, a finales del protoclásico, el gran centro ceremonial de Kaminaljuyú, punto focal de los asuntos culturales y políticos de los mayas en la Zona Sur, era ya una verdadera ruina.

Poco después del 400 d. C., las tierras altas cayeron bajo el dominio de Teotihuacán. Un grupo intruso de esa ciudad de México central se apoderó de Kaminaljuyú y construyó allí una versión en miniatura de su capital.

Una clase social de élite empezó a gobernar sobre una población cautiva formada por descendientes mayas, pero se sintió dominada a su vez por los gustos culturales y las tradiciones mayas hasta el punto de que importaron de América Central cerámicas y otros productos destinados a adornar sus propias tumbas.

La Cultura Esperanza que se inició en Kaminaljuyú durante el Primer período clásico, era, pues, una especie de cultura híbrida.

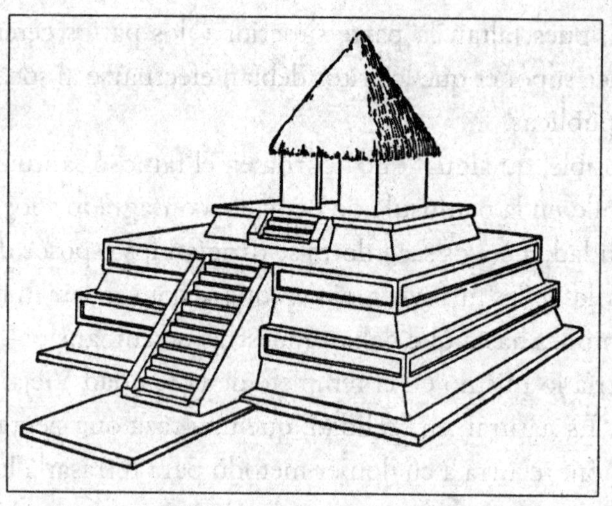

Kaminaljuyú, Templo priamidal de la cultura Esperanza.

En Kaminaljuyú existen aún diversos ejemplos de arquitectura Esperanza, todos ellos construidos sobre un plan que no es absolutamente maya. Esencialmente, hay plataformas de templos escalonados con el típico motivo «talud-tablero» de Teotihuacán, en el que hay un panel rectangular con dibujos, situado encima de un talud inclinado. La excelente piedra de construcción, tan abundante en las tierras altas de México, falta en Kaminaljuyú, por lo que los arquitectos, seguramente de Teotihuacán, debieron conformarse con arcilla y estuco rojo.

Una escalinata única accede a las plantas de la plataforma, mientras en lo alto hay un templo-santuario techado con las usuales vigas y argamasa, al estilo de Teotihuacán.

Los amos extranjeros de la fase Esperanza escogieron las plataformas del templo como su lugar de reposo final.

Igual que hizo la gente de la cultura Miraflores, cada plataforma fue construida para encerrar el sepulcro de un gobernante, normalmente una cámara con techo de madera situada debajo de la escalinata, donde iban colocando a los distintos difuntos unos sobre otros, formando sucesivas pilas.

El honorable difunto era enterrado en una postura sentada sobre un ataúd de madera y al otro mundo le acompañaban, no sólo ofrendas riquísimas de cerámica y otros artículos, sino que también se sacrificaban de una a tres personas, generalmente niños o adolescentes. Le rodeaban magníficos jarrones y vasos que indudablemente contenían alimentos y bebidas para el viaje.

Ornamentos de jade, algunos aún en proceso de fabricación, se recuperaron de las tumbas Esperanza, incluyendo pendientes y aretes ornamentales. Debajo de una escalinata se hallaron unas 200 libras de jade, indicando que los gobernantes Esperanza tuvieron fácil acceso a esta sustancia tan apreciada por todos los pueblos de Centroamérica.

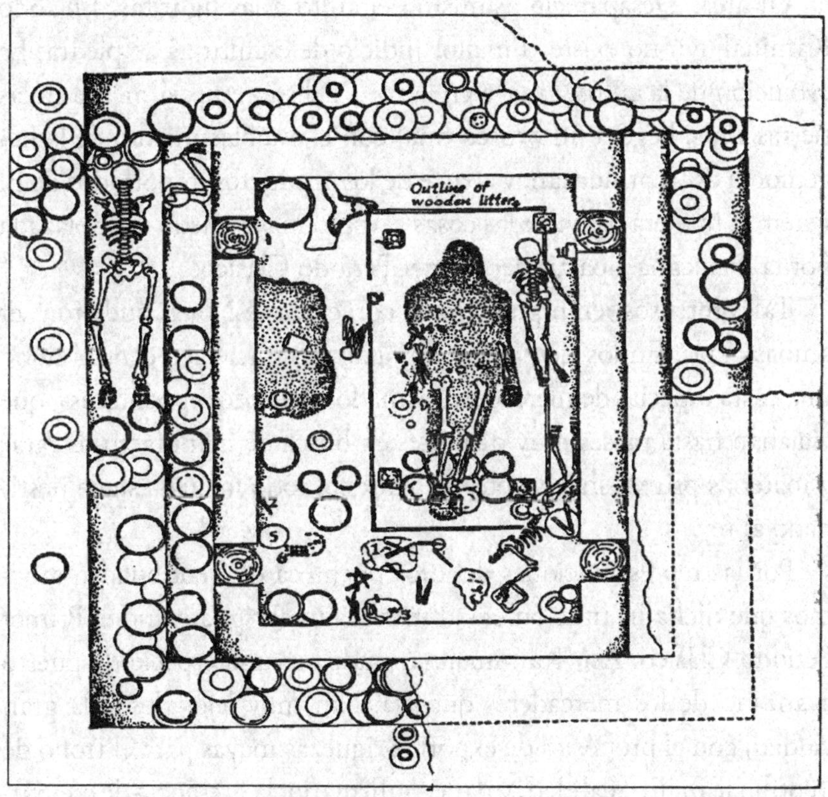

Plano del templo II Tumba de la cultura de Kaminaljuyú

Se descubrieron diversos jarros y vasos con tres patas (trípodes), estucados y pintados con colores brillantes, representando a deidades tanto mayas como de Teotihuacán, junto con la diosa Mariposa tan popular en México.

Al muerto le acompañaba toda clase de objetos valiosos, y esa pompa Esperanza, tal vez el funeral en sí, iba acompañada de música, lo que se demuestra por las trompetas y otros instrumentos de percusión fabricados con conchas y cuernos de animales.

La cultura Esperanza tuvo su lado espectacular, pero casi tan espectaculares lo son sus omisiones. Por ejemplo, el Calendario de Larga Cuenta desapareció por completo de la zona sur de los mayas, lo cual resulta extraño teniendo en cuenta sus antiguas raíces en tal área. Desapareció asimismo el culto a las figuritas. En todo Kaminaljuyú no existe el menor indicio de esculturas de piedra. La evolución de la cultura maya en la zona del sur, especialmente en las tierras altas, llegó a un brusco final con el establecimiento de la hegemonía de Teotihuacán, y aparte de los productos importados de El Petén, la manera de hacer las cosas al estilo maya quedó reemplazada por la mexicana a partir del Primer Período Clásico.

Tales intrusos ¿eran guerreros o comerciantes? Bien pudieron ser ambas cosas. En los tiempos de los aztecas en México central hubo una casta especial de mercaderes armados llamados «pochtecas», que viajaban hasta países muy distantes en busca de manufacturas raras y materias primas inexistentes en México, todo lo cual estaba destinado al rey.

Por las representaciones del dios pochteca de Teotihuacán sabemos que dicha institución era al menos tan antigua como el Primer Período Clásico. Así, Kaminaljuyú pudo ser una especie de puesto avanzado de los mercaderes que viajaban muy lejos desde la gran ciudad, con el propósito de exportar riquezas mayas para el trono de Teotihuacán. En realidad, y para confirmarlo, la presencia de ese grupo de mercaderes se hace sentir en El Petén y hasta en el Yucatán.

Por su parte, los vencidos mayas de las tierras altas de Guatemala, debieron continuar rindiendo tributo a los mexicanos más que a sus nuevos amos, siendo labradores de la tierra y obreros de la construcción. Tal vez incluso les fueron prohibidas las grandes ceremonias públicas. Sin embargo, sí había un culto en el que podían participar: estaba centrado en el lago Amatitlán, al sur de la capital Esperanza, donde sus fumarolas y aguas termales debían atraer procesiones anuales en homenaje a los dioses del agua y el fuego. Los submarinistas han encontrado, en diversas ocasiones, centenares de vasos y jarras en el fondo del lago, desde incensarios a vajilla doméstica, todo ello arrojado por los creyentes en tales dioses a las calientes aguas.

EL ARTE EN EL YUCATÁN

El Yucatán es una península situada en el sudeste de México, entre los golfos de Honduras y de México. En realidad, se trata de un llano cruzado por colinas de poca elevación, llano que riegan los ríos Champoton y Candelaria.

Es una tierra tan baja que si el nivel del mar subiera solamente unos veinticinco metros, la mayor parte de la penínula quedaría inundada. El suelo, al que los geólogos llaman «cársico», debido a su enorme porosidad, no permite que se formen ríos superficiales, pero en cambio abundan las aguas subterráneas y los cenotes, esos depósitos acuíferos tan propios de esas regiones tropicales.

Por otra parte, se asegura que el nombre de Yucatán proviene de una especie de diálogo de sordos entre los nativos y los conquistadores españoles, los cuales, al preguntar cómo se llamaba la comaca, se les respondió: «Ci-u-than», que significa: «No nos entendemos».

Lo que realmente interesa acerca del Yucatán, en relación con el arte del pueblo maya, son los monumentos arquitectónicos que en dicha península abundan grandemente. Allí, en efecto, se halla reunida una serie impresionante de edificios antiquísimos, cuyas edades oscilan entre los dos mil y los quince mil años.

Citas de antiguos escritos parecen indicar que la más reciente de estas edificaciones tiene al menos quince mil años de antigüedad.

En Uxmal, uno de sus templos, llamado de «Los sagrados misterios», ostenta tal cantidad de inscripciones y símbolos sagrados en sus muros, que inducen a relacionar la cultura maya con la primitiva historia de Egipto y Babilonia.

Dicho edificio consta de tres compartimientos. La puerta de la cámara central, o sea el Sancta Sanctorum, de cara al Oeste, en dirección adoinde podría hallarse la Madre Patria, corresponde en este aspecto a los templos y la estatuaria de Angkor, Cambodya, donde todo da cara al Este, hacia Mu, el país desaparecido.

Sin embargo, el símbolo más extraordinario encontrado en el Templo de los Sagrados Misterios, es el diagrama cosmogónico de Mu, o sea el de la primitiva religión sel ser humano.

Le Plongeon, famoso arqueólogo, descubrió en dicho templo la siguiente inscripción:

«Este edificio es un monumento conmemorativo de la destrucción de Mu, las Tierras del Oeste, de donde proceden nuestros sagrados misterios.

Otra inscripción traducida por Auguste Le Plongeon dice:

«Uxmal fue destruida tres veces por otros tantos terremotos y tres veces fue reconstruida.»

«Las Tierras del Oeste»

¿Qué eran?

No solamente fue Platón sino también Plutarco el que nombró a las «Tierras del Oeste», con las que, al parecer y según el mito, no pudieron comunicarse por eapacio de nueve mil años, debido a catastróficos hundimientos geológicos.

Y don Diego de Landa cuenta que «los sacerdotes mayas escribieron libros sobre sus ciencias e impartieron su conocimiento a los que consideraban dignos de ser ilustrados». Tenían libros que narraban la historia primitiva de su nación y la de otro pueblo con el que mantenían relaciones amistosas, cuando no guerreaban entre sí. En estos volúmenes había registros completos de lo sucedido durante distintas épocas, de sus diversas guerras, inundaciones, epidemias, plagas, hambrunas y demás sucesos importantes.

En Bonampak

Otro templo importante de la civilización maya es el de Bonampak, en Chiapas, cercano a la frontera con Guatemala y no muy lejos del río Usumacinta. Se trata, en realidad, de un rincón inhóspito, donde se descubrió una importante serie de pinturas murales en 1946.

Esos frescos de Bonampak, según los expertos, han sembrado la discordia entre los mayaístas, por revelar costumbres, hazañas y ritos de los mayas, ignorados hasta tal descubrimiento.

Los frescos de Bonampak son una maravilla que dejó absortos a sus descubridores Carlos Frey y Gilles Healey. Se posee un fragmento titulado «Juicio de los prisioneros», que fue reproducido por el equipo técnico del Instituto Carnegie de Estados Unidos, manifestando una sorprendente belleza.

Es preciso reproducir los palabras de Pierre Ivanof, quien dice a este respecto:

«La noche nos recibe en Bonampak.

»Llego a una cita con el recuerdo de tres hombres apasionados de la aventura, siempre en persecución de una meta indeterminada hasta el día que cambiaron el curso ee sus vidas al contacto de las tierras mayas.

»En primer lugar, Franz Blom, de origen danés, hombre alegre, buen bebedor, después de haber encabezado una expedición al Golfo de México, por cuenta de una universidad norteamericana, tiene la revelación de Chiapas. Se instala allí y por espacio de varios años recorre la selva virgen, y se convierte en casi el padre de un grupo de lacandones. Falleció unos años atrás en San Cristóbal de las Casas.

«Luego vienen dos nombres, que no pueden separarse de Bonampak: Carlos Frey y Gilles Healey. La leyenda se ha adueñado de la historia del primero y es difícil reconstruir su alocada correría. Los lacandones, afectados directamente por ello, evitan hablar de Frey en particular.

Carlos Frey, en efecto, fue un aventurero norteamericano, seguramente objetor de conciencia pues se negó a incorporarse a filas durante la Segunda Guerra Mundial, refugiándose en las selvas de El Petén, donde se integró a un grupo de lacandones e incluso unió su vida a una indígena. Frey vivió un par de años en la jungla, adaptándose a una sociedad que no era la suya, pero respetando las creencias ancestrales de sus hermanos de adopción.

Allí, ante su enorme sorpresa, advirtió que a veces todos los hombres desaparecían del poblado. Nadie le hablaba jamás de tan rara ausencia. Pero él quería saber y por eso indagó y preguntó, hasta que una noche, su cuñado (hermano de la nativa), estando embriagado, le espetó:

«—¿Por qué te interesas tanto por nuestros viajes a Bonampak?

»Acababa de surgir la palabra mágica. Carlos Frey supo poco después que los indios acudían a Bonampak para venerar a los dioses, refugiados en aquel lugar después de la llegada de los blancos a Yaxchillán y Palenque.

Frey no cejó en su empeño y convenció a su cuñado para que le guiara hasta Bonampak. En el último instante, su cuñado huyó, asustado de su temeridad, pero Frey penetró solo en las ruinas húmedas y bochornosas.

Lo que allí vio le obligó a regresar a la civilización para advertir al mundo arqueológico de tan inapreciable legado artístico de los mayas.

Estas revelaciones llamaron la atención de Gilles Healey, quien partió hacia Bonampak. Corría el año 1946. Fue a tal lugar contratado por una empresa norteamericana a fin de realizar un reportaje gráfico. Luego, tuvo que acostumbrarse a la vida de la selva, congeniar con los lacandones y pasar por una infinidad de aventuras.

En el interior del templo

Healey penetró, pues, dentro del famoso templo de Bonampak, escudriñó la oscuridad que allí reinaba, y dirigió la luminosidad de su lámpara sobre uno de los muros. ¡Se quedó estupefacto! El muro estaba decorado con frescos de colores maravillosos. Por desgracia, los mismos se hallaban totalmente cubiertos de costras calcáreas. Esta era, por tanto, la explicación de las misterioas apariciones descritas por Chankin: la vista ha de habituarse a la oscuridad interior del templo antes de descubrir a sus fabulosos personajes.

Como en sueños, pues, Healey divisó largas procesiones de guerreros enmascarados, escenas de corte, prisioneros en cuclillas ante los sumos sacerdotes, dispuestos a aceptar el cruento sacrificio, músicos soplando en sus pesadas trompas…

A su alrededor, a lo largo de los muros, estaban los fastos de un séquito de caballeros luciendo cetros y tiaras empenachadas con plumas de colorines, tan frescos que parecen recién pintados.

Tras mil y una dificultades, Healey obtuvo buen número de fotos de aquellas obras maestras e inmediatamente regresó a la civilización. Sus fotos, sus palabras, sus documentos, causaron el efecto de una bomba. Para él fue el gran éxito.

Respecto a Frey, se quedó en México durante tres años. Finalmente, al frente de una expedición mexicana, volvió a dirigirse a Bonampak. Por desgracia, no llegó allí, pues pereció ahogado, con uno de sus compañeros, en el río Lacantún, apenas a unos kilómetros del poblado de los lacandones, sus antiguos amigos.

Las pinturas de Bonampak

No es fácil llegar a Bonampak. Hace unos años solamente se construyó un aeropuerto cercano por lo que resulta mucho más factible acercarse a tales ruinas. En el interior del templo, las pinturas están repartidas en tres cámaras, formando un conjunto pictórico conmemorativo, de gran valor, empezando con el ataque a un territorio enemigo, siguiendo con una asamblea de jefes mayas, un juicio a los prisioneros y un festejo para celebrar el triunfo.

Procesión de los frescos de Bonampak

Las pinturas en sí poseen la técnica del clásico fresco mural. El artista y sus ayudantes, que indudablemente los tenía, dibujaron sobre el cemento húmedo de las paredes, aplicando hábilmente los colores, destacando el rojo sangre, el amarillo y el «azul maya», obtenido de las tierras de la comarca.

En realidad, cada color tenía para los mayas un significado místico. El rojo simbolizaba la sangre, el negro la guerra, y el amarillo los alimentos, por ser el color del maíz.

Lo más desconcertante de la cultura maya son las fechas. Los templos sagrados de Bonampak, de acuerdo con los arqueólogos, datan del siglo VIII. Sin embargo, el radiocarbono no sirve apenas para tales dataciones.

Los libros de texto resultan asimismo desconcertantes, aunque hay que aceptarlos o prescindir de ellos por completo. Lo cierto, al parecer, es que la historia ha sido falseada más por ignorancia que por malicia, sin que se quiera aceptar el hecho indiscutible de que los fenicios, al menos, estuvieron ya en Centroamérica y Sudamérica unos mil años a. C.

Por una parte, según Sir Julián Huxley, miembro de la Royal Society, afirma que:

«La primera civilización centroamericana que conocemos es la de los olmecas, habiéndose desarrollado entre losaños 1000 y 500 a. C. »

Sin embargo, otros expertos sitúan a los olmecas después de los mayas, al menos con dos siglos de existencia.»

Por otra parte, se asegura que los olmecas tuvieron su origen en Las Ventas, territorio esencialmente maya, pero antes de que éstos existiesen y de que se hubiesen convertido en esa parte «reciente» del norte del Yucatán, que los arqueólogos preamericanistas consideran como la época de las ciudades—estado y los pactos del primer milenio.

Apesar de esto, existen Códices mayas, como el «Manuscrito Troano», el «Códice Corteasiano» y el «Códice de Dresde», que son tres joyas arqueológicas salvadas del frenesí incendiario de Diego de Landa, que se exhiben profusamente en todos esos libros, pero que nadie ha sabido interpretar, salvo el erudito James Churchward.

En definitiva, son numerosos los expertos que hablan de la cultura maya refiriéndose exclusivamente a los restos arqueológicos del Yucatán, en tanto que lo decubierto en la selva tropical es, para ellos, secundario.

Ya se ha escrito la historia del Yucatán y difícilmente podrá ser cambiada o alterada porque, para ello, sería preciso aportar información que no existe, por haberse quemado o haberla hecho desaparecer.

Los investigadores prefieren mezclar el mito y la leyenda con la historia, quieren hablar de misteriosos orígenes y por eso siguen declarando que la civilización humana surgió en el Oriente Próximo, a pesar de que en Ngwenya (Swazilandia) se hayan hallado vestigios arqueológicos de hace más de 40.000 años.

Los templos piramidales del Yucatán, o el Caracol de Chichén Itzá, considerado como un observatorio astronómico, son posteriores a las construcciones egipcias o caldeas, porque están mejor realizadas, o sea que recibieron la esporádica influencia de los navegantes egipcios, sirios o griegos, y nadie desea ahondar más en esta cuestión. Pero ¿y la utilización del cemento? ¿Y los conocimientos sobre el planeta Venus? ¿Y el conocimiento del cero? ¿Y los frescos de Bonampak? ¿Y las ruedas halladas por Charnay en Popocatepetl, que se pueden contemplar en el Museo de Veracruz, cuando todos afirman que los antiguos preamericanos desconocían la rueda?

No es cosa de discutir, dice Pedro Guirao, si la pirámide de El Adivino, en Uxmal, fue construida en el siglo V de nuestra Era sobre restos de un monumento mucho más antiguo, como courrió en otros lugares donde los cristianos reedificaron sobre templos que ellos consideraban paganos, cambiando totalmente el nombre del lugar y el de los dioses.

Pero está claro que esas piedras revelan unos conocimientos arquitectónicos muy amplios y que no se adquirieron en poco tiempo, por lo que esa cultura que se desea minimizar debía poseer unas raíces muy antiguas, que se extendían por todo el mundo, como testimonian los restos arqueológicos de numerosas islas del Pacífico y muchas más huellas, descubiertas y aún por descubrir con toda seguridad.

EL FIN DE LA CULTURA CLÁSICA MAYA

Casi el único hecho conocido con plena seguridad respecto a la caída de la cultura clásica del pueblo maya es que realmente sucedió. Todo lo demás es pura conjetura. La triste historia puede leerse fácilmente en una serie de estelas conmemorativas elevadas para recordar tan infausto suceso.

En efecto, la cultura clásica maya quedó extinguida a comienzos del siglo X en la Zona Central, pudiendo estar completamente seguros de que los grandes centros de tal cultura habían sido ya abandonados por aquel entonces, y la zona iba siendo invadida por la selva. Es posible, no obstante, que hacia el Norte, los emplazamientos Puuc estuviesen todavía ocupados hasta ser derrotados por los ejércitos toltecas a finales de dicho siglo X.

No solamente el abandono de los centros clásicos debe ser explicada, sino también la desaparición del pueblo maya en toda la zona central. Entre las causas de tal desaparición deben contarse un colapso agrícola, epidemias como la fiebre amarilla, la invasión de extranjeros procedentes tal vez de México, una revolución social, la evacuación forzada por los primitivos gobernantes toltecas del Yucatán, y hasta los terremotos y una sexualidad muy mal equilibrada.

Ante la ignorancia de las verdaderas causas, algunos expertos han propuesto diversas combinaciones de todos estos factores, pero es preciso comprender que no existe ninguna prueba fehaciente que demuestra la existencia de uno solo de ellos.

La teoría del colapso agrícola, por ejemplo, supone que las sabanas de El Petén fueron el resultado de una terrible explotación de la tierra por parte de los agricultores mayas, mas es sabido que dichos pastos pertenecían en realidad al pueblo.

Por otro lado, es posible que los mayas estuvieran ya tan debilitados por alguna causa desconocida, que los mexicanos pudieron penetrar en las tierras de la zona central sin encontrar la menor oposición. Pero lo cierto es que hasta que se puedan descifrar todas las inscripciones descubiertas, jamás se sabrá lo que realmente sucedió allí.

No obstante, sí se sabe que en la zona central solamente permancieron algunos grupos, que vagaban por los centros abandonados, y vivían en pleno salvajismo, ocupando en ocasiones las ruinas de monumentos ancestrales.

Los lacandones, por ejemplo, quemaban copal ante las extrañas pinturas de hombres y mujeres que, algo más tarde, fueron convertidos en otros tantos dioses.

LA MAGIA ENTRE LOS MAYAS

En la América Central de la época pre-colombiana, como hemos visto, hubo un gran movimiento cultural especialmente significativo en el que lo religioso y lo mágico se hallaban en un estado de indiferencia. Pero ello fue cambiando paulatinamente y existen numerosas pruebas de esa fase de transición.

La cultura maya aparece hoy día con trazos diferenciados en el magnífico contexto formado por las civilizaciones pre-colombianas. El pueblo maya tenía una pasión: la medida del tiempo. No solamente de los períodos que señalaban el decurso de su «tiempo» a partir del año 3113 a. C., con una sorprendente exactitud, sino los tiempos que precedieron a la creación de su mundo a partir de aquella fecha. Los mayas, esto es absolutamente cierto, fueron los grandes medidores de la mítica e inimaginable sucesión de los siglos.

En efecto, los mayas llegaron a establecer unos cómputos asaz exactos, que llegan a una proyección en el pasado de unos 400 millones de años.

En realidad, fue en Guatemala donde llegó a la cima todo lo

referente a la magia y la hechicería entre el pueblo maya. Allí, en el país de Guatemala, célebre por sus cadenas de volcanes, junto a los modernos espiritistas, quirománticos, cartománticos, curanderos, etc... obreviven aún tradiciones mágico-religiosas, heredadas de sus antepasados, creencias que la crueldad de los conquistadores cristianos no consiguió erradicar.

Los indígenas quichés, cakchiqueles, lacandones y demás, se mostraron muy reacios, en la época de la colonización, a aceptar el cristianismo y abandonar sus antiguas creencias y sus dioses ancestrales, especialmente si estaban relacionados con la magia y la hechicería.

Los rituales y las doctrinas indígenas, en su aspecto brujo-hechicero, fueron sobreviviendo mezclados con las creencias cristianas, hasta que en el siglo XIX, al efectuarse en Guatemala la separación entre la Iglesia y el Estado, empezó a decaer la asistencia religiosa en las zonas rurales, en las cuales volvieron a aparecer y a practicarse abiertamente la hechicería con sus diversos métodos, hasta el punto de que en la actualidad es posible observarla y estudiarla en casi todos los distritos mayas del país.

En Guatemala, lo mismo que en otras naciones americanas, se siguen practicando rituales mágicos heredados de los antepasados mayas y aztecas, particularmente. En vista de las dificultades existentes para practicar sus creencias y orar a sus dioses y espíritus celestiales, la magia de los indígenas de Guatemala pervive casi exclusivamente en actos privados e individuales.

Sin embargo, algunos grupos se han reunido alrededor de sacerdotes-brujos poseedores de manuscritos en los que se habla de las antiguas divinidades y del esplendor de la civilización y cultura pasadas.

Junto a las tradiciones orales, esos manuscritos forman el conjunto y el origen de sus creencias. Esos sacerdotes-brujos actúan por encargo de algunos clientes mediante el correspondiente estipendio, o bien en beneficio de su comunidad o de su propia casta.

Como puede suponerse, las necesidades básicas de los indígenas guatemaltecos no se diferencian de los naturales de otras latitudes. Todos sus deseos, ambiciones y esperanzas, así como las dificultades, pueden encuadrarse dentro de los aspectos y las variedades que se conocen de la magia:

—magia ahuyentista o apotropeica, que comprende el uso de talismanes, amuletos o hechizos contra el mal de ojo, a fin de evitar toda desgracia en términos generales, para proteger las cosechas y el ganado, o bien para conseguir bienes y fortuna;

—magia purificadora o catártica, que comprende abluciones, fumigaciones rituales y oraciones de arrepentimiento o solicitud de protección, todo ello destinado a purificar una casa o una persona, a ahuyentar a los espíritus malignos….;

—magia medicinal, que comprende toda clase de curanderismo, con recetas, rituales, y oraciones, con el propósito de recuperar o conservar la salud;

—magia verde o amorosa, que incluye toda clase de filtros, rituales y hechizos, a fin de conquistar a una mujer, dominar a un hombre, vengarse de un rival en amores, tener hijos… ;

—magia profesional, que reúne los métodos, talismanes y conjuros a seguir para tener suerte en la caza, la pesca, el comercio… o bien lograr un buen empleo o un ascenso en el trabajo;

—magia agrícola, consistente en conjuros y otros métodos destinados a obtener una excelente cosecha y también a que se arruinen los sembrados del rival o del enemigo;

—magia meteorológica, que comprende los ritos y fórmulas para salvar las cosechas del granizo;

—magia ganadera…

y así sucesivamente, de acuerdo con las necesidades personales, domésticas o rurales.

Hay asimismo ritos e invocaciones para obtener el castigo de los enemigos, de los malos patronos, de los funcionarios que abusan de su puesto, militares despiadados, etcétera.

En estos casos de castigo o venganza se trata de magia negra vengativa, que en ocasiones se convierte en magia roja vengativa, puesto que para reforzar los efectos del ritual se sacrifican reses de ganado, cuya sangre riega el altar a fin de complacer a los espíritus celestes o astrales.

Hermanado con la magia maya, se halla en la Biblioteca Nacional de París, en su colección Tubin-Goupil, un documento de 58 páginas, que narra la cosmogonía de los antiguos habitantes de Centroamérica. Este documento se remonta, a principios del siglo XVII, y sólo lo han estudiado algunos especialistas. Se ignora dónde fue hallado ni quién lo redactó, y con toda probabilidad debió escapar a alguna destrucción, a la que estaban condenados todos los documentos de la antigua cultura maya. Se trata de un documento de gran interés que todavía no ha sido publicado, pero que merecería serlo, aunque no tenga la importancia del Popol Vuh. Cuando Dios y sus ayudantes decidieron poblar el mundo, cosa que se narra en el capítulo II del documento en cuestión, crearon ante todo a los animales cuadrúpedos, mas antes de decidir su destino se pusieron de acuerdo en concederles el privilegio de hablar.

> «¡Emplead, oh criaturas nuestras, vuestras lenguas en alabarnos a nosotros, que os creamos de la nada! ¡Daos cuenta, en un agradecimiento eterno que somos vuestros padres y vuestras madres!»

Los animales intentaron obedecer, pero en vez de palabras, de sus bocas surgieron sólo unos confusos sonidos, y los dioses creadores exclamaron:

> «¡Con vuestros sonidos habéis manifestado claramente que sois unos brutos. Seguiréis, pues, como tales, y vuestras carnes estarán a merced de las verdaderas

criaturas, capaces de agradecer los beneficios de haber sido creadas, con alabanzas dignas de nuestra grandeza. Desde ahora en adelante vuestro alimento consistirá en la hierba que producen los montes, cuyas cavernas y grutas os concedemos para que sean vuestra morada.»

Cuando los dioses se dedicaron a la tarea de crear el primer hombre, lo consiguieron después de varios intentos fallidos. Y como los primeros hombres y mujeres les veneraron y agradecieron su creación, el mundo quedó a su disposición, con la condición de que no se olvidaran de alabar y venerar a los dioses bienhechores.

Por lo visto, esa leyenda circulaba en la época en que fue compilado el documento de la Biblioteca Nacional de París.

SANGRE FUERTE, SANGRE DÉBIL

La sangre siempre fue para los mayas, y lo sigue siendo, el símbolo de la vida y, como tal, considera que es la cosa más valiosa del ser humano.

La causa central del sacrificio humano y su primera razón de ser, era el ofrecimiento a los dioses de la sangre de la víctima, que se recogía en un hueco del ara del sacrificio, para ser lanzada en las cuatro direcciones de los puntos cardinales, en homenaje a los gobernantes del mundo, y rociada también en torno porque «los dioses están en todas partes y en todas las cosas».

Desde el punto de vista esotérico, la muerte de la víctima era sólo la consecuencia del necesario ofertorio de sangre. Hoy día, aún en medio de los ritos paganos, la sangre de algún animal, pavo, gallina o lechón, es la base de la función religiosa o curativa; la dirección en la que salpica espontáneamente la sangre es indicativa, y tras estudiar el augurio, el brujo repite el gesto de sus antepasados, esparciendo un poco de sangre a los cuatro puntos cardinales, apelando al Hombre Rojo (Este), al Hombre Amarillo (Sur), al Hombre Negro (Oeste) y al Hombre Blanco (Norte).

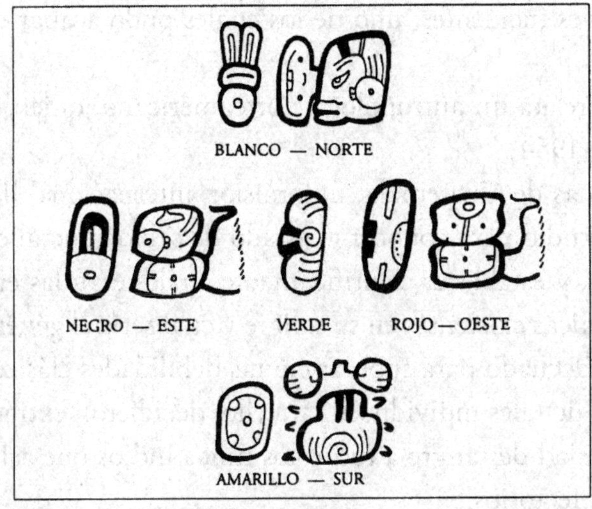

Glifos para las direcciones del mundo y colores asociados

Hay que tener en cuenta que según los brujos mayas, la sangre del hombre puede ser fuerte o débil. Es fuerte la de aquéllos que nacen en Luna llena, y débil la del nacido en Luna nueva.

La sangre fuerte puede resistir todas las enfermedades, mientras que la débil está sujeta a todos los ataques.

Sin embargo, la sangre de un individuo no es constante, ya que aumenta o disminuye con las fases de la Luna, por las condiciones particulares en las que se halla el individuo, o si por causas externas o intcrnas, o por la magia, se ve trastornado el equilibrio de su calor natural.

La sangre de un hombre es más fuerte cuando, por ejemplo, está agotado por las labores del campo y suda en abundancia. El hombre que se encuentra en este estado, al volver a su casa, no debe mirar a sus hijos, porque en tal momento su sangre es muy fuerte y su mirada, automáticamente, podría producir algún desequilibrio en los niños.

Según los mayas, la cantidad de sangre del hombre es fija en el sentido de que no se reproduce. Si se pierde una parte por alguna herida, el individuo será ya siempre un ser débil. Esta creencia, ignorada hasta hace pocos años, ha dado origen, en varias zonas de

Guatemala, a graves incidentes, uno de los cuales pudo acabar en revolución.

Este suceso lo relata un antropólogo norteamericano, quien lo vivió entre 1953 y 1954.

En algunas zonas de Guatemala, una misión internacional llevaba a cabo un estudio para conocer el estado de salud general de los indios del país, y establecer científicamente cuáles eran las enfermedades endémicas existentes en su sangre y cuál sería el género de alimentación adecuado para superar ciertas debilidades clásicas en la constitución de tales individuos. Para ello, decidieron extraer una mínima cantidad de sangre a todos los niños indios que asistían a escuelas y refectorios.

Al principio no ocurrió nada grave, a pesar de observarse una disminución de alumnos en tales centros.

Pero algo más tarde, nueve de cada diez padres retiraron sus hijos de las escuelas, dando con ello principio a una serie insólita de «costumbres», que sublevaron los ánimos en todos los poblados afectados. Al final, los «principales» instaron a las misiones a marcharse inmediatamente del país.

En algunos casos, los médicos y los practicantes dudaron en obedecer, y el asunto empezó a tomar mal cariz. En otros casos, en cambio, las jóvenes ladinas de las misiones, encargadas de mantener el contacto con la población indígena, lograron averiguar el motivo de la revuelta.

En efecto, el motivo era la creencia india, según la cual la cantidad de sangre del individuo permanece invariable e insustituible. Incluso circuló una historia que parece inverosímil, de no haberla comprobado otras personas.

Los indios estaban convencidos de que la sangre de sus hijos era enviada a Estados Unidos para controlar si los niños eran de buena calidad, aptos para ser comidos. Entre los indios existe la leyenda de que en Estados Unidos los padres no mueren jamás, porque cuando son viejos se comen a alguno de sus hijos, heredando la juventud con la sangre.

Es cierto que en algunos lugares de la tierra maya, esta creencia, aunque algo confusa, existe todavía respecto a sus antepasados, y que aún hoy día, el temor de que su hijo pueda ser devorado la sienten muchas madres.

Este temor vive en el subconsciente y tiene salida en las leyendas que corren de boca en boca. También es cierto que las madres indias, a fin de atemorizar a sus hijos, y que no cometan ninguna travesura, les dicen, señalando a un forastero:

—«Si no eres bueno, ese hombre te comerá.»

Es posible objetar que estas frases u otras similares se emplean en diversas partes del mundo con el mismo fin, pero sería interesante remontarse en busca del origen de estas expresiones. Lo que aquí importa es que los mayas todavía creen que el hombre puede poseer sangre fuerte o débil, y que en líneas generales, un brujo establece a primera vista a qué género pertenece la sangre que cicula por las venas de un individuo. Quien tenga la sangre fuerte es valiente, está dotado de poder y voluntad, no se amedrenta ante nada. De este modo, es capaz de resistirse a todas las enfermedades provocadas por los «aires» y los «vientos», que se introducen en el cuerpo humano mediante el susto o el espanto, como veremos más adelante.

Aires y vientos

Corresponden a los influjos maléficos, tan afines a la superstición. En cambio, para los indios son manifestaciones reales, si bien invisibles, de los espíritus malignos, tal como lo es el viento. El mundo, según los mayas, está lleno de espíritus malignos, que acechan para atacar al ser humano. Unos lo atacan espontáneamente, cuando el mismo hombre le ofrece, por error, descuido o debilitación de la sangre, la posibilidad.

Por ejemplo, comer una manzana, por tener hambre, le abre la puerta a un espíritu maligno, lo mismo que exponerse a una corriente de aire fresco cuando se suda.

Estos dos ejemplos pertenecen a la categoría de las enfermedades provocadas en el equilibrio frío-calor de la sangre, y se las considera naturales.

En general, los curanderos y los hechiceros indígenas, afirman que es peligroso beber un vaso de agua helada cuando hace calor, o tomar café hirviendo si la temperatura es muy baja. El indio siempre bebe el agua y el café templados, siendo en esto semejante al chino, que ofrece agua y té templados a sus invitados.

Cuando, después de un descuido, un hombre enferma, los curanderos dicen que ha cogido un «aire», dependiendo del grado de impacto la gravedad de la enfermedad. Si la consecuencia es un resfriado, se trata de un «aire»; si es una pulmonía estamos frente a un «viento». Pero un brujo ha de buscar la causa misteriosa de origen espiritual, y no el efecto producido, o sea que ha de averiguar lo que ha debilitado al cuerpo del paciente para que haya podido ser atacado tan fuertemente por un aire o un viento.

A continuación transcribimos un caso ocurrido en el Hospital de Guatemala, donde quedó ingresado un desdichado indio.

El espíritu del aguacate.

Un quiché, mientras se estaba levantando del suelo con una pesada carga a la espalda, que le habían colocado sus compañeros de labor, sufrió una especie de retorcimiento de las venas, causándole la parálisis de la pierna izquierda. En el hospital no logró el menor alivio con las curas, ni lo obtuvo tampoco del brujo de su poblado.

Fue entonces a visitar a un famoso chimán de Antigua, el cual, tras escuchar atentamente al enfermo y haberle formulado multitud de preguntas, como cuántas personas estaban presentes, si eran jóvenes o mayores, si hacía frío o calor, si en la vecindad había árboles y de qué especie, qué día de la semana se produjo el accidente, y así sucesivamente, dio su diagnóstico: la culpa era de un árbol de aguacate, que da un fruto muy apreciado por su pulpa sabrosa y grasa, y cuyo nombre científico es «persea americana», árbol que es sabido que posee un espíritu muy fuerte. El hombre había estado labrando y estaba fatigado, y el último esfuerzo puso al descubierto una vena que cayó bajo el influjo del espíritu del aguacate.

Además, era noche de luna nueva, cuando la sangre de un individuo está más debilitada. Hecho el diagnóstico, el chimán aconsejó el remedio: una «costumbre» particular exactamento en el lugar del suceso, o sea junto al aguacate, con el sacrificio de un gallo, cosa que debería realizarse en luna llena. Por fin, tras efectuar el sacrificio, el indio curó y su pierna volvió a funcionar.

Indudablemente puede darse una explicación científica a esta curación, que puede obtenerse con un prolongado reposo, con masajes y una tanda de ejercicios físicos. Pero queda en pie el hecho de que el indio siguió exactamente las instrucciones del chamán y que, después de la «costumbre», seguida puntualmente a medianoche, con luna llena, en su cénit, es decir cuando es mayor su influencia, regresó a su casa y al día siguiente la pierna estaba curada.

En realidad, este caso demuestra lo que puede la fe para curar una dolencia física.

SUSTO Y ESPANTO

La ocasión más favorable para introducirse en un cuerpo humano la tienen los espíritus malignos cuando el sujeto se ve lleno de «susto o espanto».

En líneas generales puede afirmarse que «susto» indica un miedo o espanto de tono menor, mientras que «espanto» es aquello que suscita un enorme terror.

Según los cánones de la medicina india, toda enfermedad se inicia con un susto o un espanto, porque la sangre se enfría o hiela en las venas, lo que significa que se ha sufrido una fuerte impresión. El frío como consecuencia del temor o del terror se halla en muchas frases del español, italiano, francés, inglés y alemán, para no citar más que idiomas europeos.

En consecuencia, el primer examen que lleva a cabo un curandero al tener que pronunciar su diagnóstico es averiguar cuándo el paciente fue víctima de un susto físico o moral. Por ejemplo, es un espanto moral que una mujer vea salir a su marido de la casa de su amante. Debido a su desconsuelo, o a su ira, la mujer puede caer enferma, incluso de gravedad. En tal caso, el curandero será quien deberá llevar a cabo una tarea muy parecida a la de los modernos psiquiatras que, en realidad, se limitan a poner en marcha la misma clase de curación ya efectuada por los antiguos curanderos y chamanes mayas.

El brujo, en efecto, deberá inducir al paciente a confesar sus penas más íntimas, y una vez logrado esto obrará casi un milagro, puesto que el solo hecho de haberse desahogado con el brujo llevará un gran alivio al corazón de la persona enferma.

La búsqueda de un «susto» o «espanto» reales es harto difícil, porque el paciente puede haberse atemorizado realmente, por ejemplo, al tropezar con una serpiente de cascabel. Pero con frecuencia el mismo individuo ignora la causa exacta, por lo que las indagaciones se ahondan, ya que sin haber averiguado la causa no es posible conocer el efecto.

Los curanderos mayas adoptaron ya en tiempos remotos el principio de que sin causa no hay efecto, atribuyendo las causas a las actividades de los espíritus malignos y deja el resultado de la curación en las manos divinas.

La consecuencia más grave de un «susto» es la pérdida del alma, hecho del que el enfermo nunca se da cuenta. El curandero, por tanto, es el encargado de descubrirlo, tras haber hallado al alma, obligándola a volver al cuerpo, si se marchó por su propia voluntad, o logrando que el ladrón la devuelva, pues de lo contrario el verdadero dueño de ella moriría.

Es por esto que antes de partir de viaje, los mayas antes y ahora siguen una «costumbre» para que nadie pueda robarles el alma, o irse ésta por su propia voluntad. Si se pierde el alma lejos, el brujo no conseguirá encontrarla, y el enfermo fallecerá sin remedio.

LAS COSTUMBRES

«Costumbre» entre los mayas significa uso. Si se dice «es la costumbre» se entiende que «es el uso», o sea que «siempre se ha hecho así». En tiempos de la conquista española, según Antonio Villacorta, a los españoles que indagaban el motivo de ciertos ritos y actos, los indios mayas respondían:

—Es la costumbre.

De forma que el sustantivo lentamente fue significando distintas clases de ritos. Para los mayas también es una costumbre la misa celebrada por el párroco, así como las invocaciones de los brujos y hechiceros para pedir la lluvia; es costumbre el sortilegio para que el hijo sea varón, como lo es el rito del chamán para restituir un alma robada…

Estos ritos están presididos por distintas categorías de brujos, y para entender la confianza que los mayas hoy día aún tienen en ellos es necesario saber que una mujer o un hombre no se convierten en brujos por herencia o estudio, sino por revelación. Con raras excepciones, esa revelación se produce cuando ya el ser humano cuenta con más de 30 años y sucede durante el sueño.

Se le aparece al durmiente un santo o un espíritu benigno y le transmitía su misión, dándole las primeras instrucciones. El espíritu suele ser un ente sin relación alguna con el cristianismo, convirtiéndose en el dios tutelar del nuevo brujo, quien está obligado a anunciar a la comunidad todo lo referente a la revelación, estando solamente permitido el secreto cuando en el sueño aparece un «tiewu», es decir, un diablo.

A partir de este momento, el brujo continuará manteniendo conversaciones con su dios tutelar, quien le aconsejará en los diferentes casos que se presenten. Por lo común, el período que puede llamarse de aprendizaje, dura de un mínimo de 5 años a un máximo de 10, durante los cuales el brujo puede ingresar en una fraternidad de hechiceros, que le otorgarán una posición de acuerdo con sus méritos.

En general, los brujos se temen unos a otros, y las brujas, muy raras si no son parteras, gozan fama de tener más poder que los brujos respecto a las enfermedades femeninas, puesto que los dioses pertenecen a los dos sexos y normalmente las mujeres son atacadas por las deidades de su mismo sexo.

Acerca de la cuestión de la «revelación», los numerosos médicos guatemaltecos y norteamericanos que han querido estudiarla, no han llegado a ningún punto concreto. Sin embargo, no hay la menor duda de que existe una escuela de brujería y que, además, es muy raro que el hijo de un hechicero lo sea también.

Cierto es, no obstante, que los hechiceros y brujos sustentan a menudo principios totalmente opuestos y emplean en sus decocciones hierbas que científicamente poseen un valor químico semejante, pero unas de otras son muy distintas, perteneciendo a familias vegetales completamente diferentes.

Las «costumbres» pueden celebrarse de día o de noche, según el resultado que se desee obtener. Para los mayas, también la noche es el reino de los espíritus, muchos de los cuales temen al Sol, viéndose obligados a ocultarse desde el amanecer al ocaso, siendo por tanto natural que para invocarlos sea preferible hacerlo de noche.

Las «costumbres» se dividen en ritos colectivos o individuales, según lo que se pretenda conseguir:

1. protección contra uno o unos enemigos.
2. ayuda contra un daño.
3. solicitud de dones.

Las «costumbres» individuales tienen lugar por lo general en el lugar donde se ha originado o producido el daño: si se trata de una forma de susto o espanto; en lo alto de un monte o en un templo, si se desea obtener una gracia especial.

Hay que tener en cuenta que el indio maya se dirige a los espíritus igual que los europeos, por ejemplo, se dirigen a su médico. Aunque existe la diferencia de que el maya no se puede dirigir directamente a los espíritus, sino que debe hacerlo por medio del brujo. Sin embargo, es posible ver delante de las iglesias a individuos que rezan por sí mismos, manejando un incensario elemental, del que sale la perfumada nube del pom. Casi siempre, no obstante, se trata de pacientes a los que su brujo ha ordenado repetir 28 veces, la duración de una luna, una determinada invocación.

La «costumbre» del incesto

Que el incesto existe en todas partes es algo que nadie puede negar. Ya en el antiguo Egipto, el faraón debía tomar como esposa a su hermana, lo que santificó en aquel país la práctica del incesto.

Con respecto a los mayas, el incesto era bastante común, aunque algunos autores aseguran que el incesto fue la consecuencia del derrumbamiento del Imperio maya y de las terribles guerras civiles posteriores.

Los clanes y las familias, que antaño habían residido en las ciudades sagradas para las prácticas religiosas y comerciales, buscaron sitio en localidades cada vez más aisladas, renunciando a todo contacto con los extranjeros, mas por miedo a verse esclavizados que por otra cosa.

De esta manera, las relaciones sexuales fueron reduciéndose al interior de cada clan o familia, derivándose de esto la práctica ineludible del incesto. Y esta teoría encaja perfectamente con la del ciclo evolutivo de los mayas.

LAS CREENCIAS MAYAS

Entre la leyenda y la historia

Al hacer referencia a las creencias de los antiguos mayas, justo será decir que casi las mismas creencias, aunque mezcladas ahora con ritos y credos cristianos, siguen vigentes entre la etnia maya.

Y así, aunque los cultos religiosos varían profundamente de lugar a lugar por la diversidad de ídolos y los nombres de los mismos, es posible hallar elementos comunes de carácter religioso entre las poblaciones del altiplano guatemalteco.

Justo es añadir que toda manifestación de la vida social o política de tales indios está estrechamente relacionada con la religión.

Cada acto del hombre, desde que nace hasta que muere, está etiquetado por una ceremonia religiosa, aunque a menudo quienes la practican ignoran su significado. En la actualidad, las poblaciones indias son oficialmente cristianas y es raro hallar en el altiplano mayas que no estén bautizados. Pero para ellos la Trinidad la forman Rajagual Uleu (patrón de la Tierra), Cajau Güixel (Lo Infinito), y Jun Noj Manuel de Jesú (El Bendito Descendiente de Dios Jesús).

Rinden culto al Sol, llamado Nim Alaj Catat (el Gran Padre) y a la Lua, Canan Ik (Madre-Abuela), y el uso de la cruz no sirve para recordar el sacrificio de Cristo sino a los cuatro Pauahtuns, rectores de los cuatro puntos cardinales, de los que han nombrado jefe al arcángel Gabriel.

Los ritos, celebrados por el Chuch Cajau, difieren bastante y se ejecutan en los lugares tradicionales, especialmente en las cumbres montañosas si se desea obtener cierta gracia, como la conservación de la especie en caso de epidemia; junto al litoral para solicitar beneficios de orden material, como la lluvia o una buena cosecha, y en fin, en las faldas de los montes si se piden desgracias para los enemigos o rivales.

El culto no se acaba con tales ritos, que son de carácter colectivo. Los aj kij, son los sacerdotes del Sol; los aj itz leen el destino en las nubes; los cuacual izum son brujos que pueden transformarse en animales y objetos, e incluso sustituirlos; los tzijolj y los tzitzimit son adivinos y profetas, los primeros de las cosas tristes y los segundos, de las alegres. La mentalidad de los indios es de una extrema simplicidad. La vida es dolor, el pobre hombre, que nadie sabe por qué ha nacido, está destinado a ser juguete de una infinidad de espíritus malignos que gozan atormentándolo.

Sí, existe un Dios creador que, entre lo demás, también creó al hombre, pero está por encima de estas miserias, no se ocupa de los seres humanos y ha legado a los espíritus, o sea a los dioses menores representados por los ídolos, un poder sobre todo lo que existe en la Tierra.

Para el indio el bien no existe y sí solamente el mal, por lo que es conveniente rezar y hacer ofrendas a los dioses, a fin de que no causen demasiado daño con sus innatas maldades.

La religión de los mayas es imprecisa y complicada porque se funda en el principio animista. Todo lo creado tiene espíritu, espíritu que es el dios de lo creado en sí mismo, porque si Dios creó una cosa, un objeto, debió tener buenos motivos para ello, y este motivo se manifiesta con el espíritu. Un árbol, por ejemplo, puede exhalar un «aire que provoque un reumatismo o una enfermedad;

para curar del mal es completamente inútil dirigirse a nadie que no sea el propio árbol. Naturalmente, el brujo acude al mismo lugar donde se manifestó el «aire» para inducirle a retirarse. Obviamente, el hechicero más adecuado para esa necesidad es el Cuacual Tzum, quien puede transformarse en animal u objeto.

Por otro lado, todos los mayas se hallan totalmente convencidos de poseer un «nauhal», es decir, un alter ego, que puede ser otro hombre, animal u objeto. Este nauhal posee una vida paralela a la del hombre, nace y muere con él, aunque el interfecto ignore quién o qué sea.

Lo mismo que otros pueblos de la antigüedad, los mayas creían en los seres espirituales, así como en diversos dioses, cada uno de los cuales era el encargado de proteger todo lo relativo a su pueblo: las cosechas, especialmente las de maíz, la salud de los individuos y la de la comunidad, ahuyentando las plagas y epidemias; eran asimismo supersticiosos (como lo son aún hoy día, y como también siguen siéndolo muchas razas actuales, incluso de Occidente), de manera que poseían amuletos, talismanes y toda clase de objetos que, según creían, podían guardarles de todo mal.

A sus dioses solían rezarles, no ya en las ceremonias a ellos dedicadas, sino también de forma individual.

Algunas de estas oraciones son, entre otras, la plegaria ante la Cruz, la plegaria al Sol y la de Tzul-Takká, nombre cuyo significado es «cumbre llena», y que los mames atribuían al Creador.

A continuación se dan las tres, debiendo tener en cuenta que la Cruz a que se referían los mayas era en realidad, no la del cristianismo, sino la que simbolizaba los cuatro puntos cardinales.

Plegaria ante la Cruz

«Oh, Cruz, concédeme que la milpa, que está a punto de germinar, produzca mazorcas muy grandes, cargadas de grano, a fin de que no falten en mi casa las tortillas sagradas, ni el grano a las gallinas y a los cerdos, con los cuales compraré vestidos a mi mujer y a mis hijos, el azadón y el machete. Te prometo desde ahora ofrecerte las siete primeras mazorcas (el 7 era uno de los números cabalísticos de los antiguos mayas), que depositaré a los pies de la sagrada Cruz.»

Plegaria al Sol

«Padre Sol, eres sagrado. Perdóname que yo que nada soy venga a suplicarte que alejes los topos de mi sembrado, que escondas la milpa al olfato del pizote, de la ardilla, a las miradas del sanate y de los periquitos. Cuando sea necesario, ocúltate y permite que las nubes descarguen la lluvia benefactora, pero no lo permitas cuando las mazorcas se hayan abierto y te necesiten. Perdóname, padre Sol, que eres sagrado.»

Plegaria a Tzul-Takká

«Oh, tú, Tzul-Takká, que eres tantas veces sagrado, que estás sobre todos los montes y todas las llanuras, que dominas la tormenta y el huracán, concédeme el permiso de talar los árboles y las malezas que sea necesario. No me guía el deseo de causar daño a los árboles, que forman parte de tu cuerpo, sino que a ello me obliga la perentoria necesidad de alimentarme, de dar de comer a mi esposa y a mis hijos, y a mis animales que tú permites tenga en mi casa. Evita que el bosque emprenda represalias y que origine males, ordena al «ickbolaj» (serpiente venenosa), que se aleje de mi camino y de los sitios donde debo poner las manos y los pies para labrar la tierra; ordena que se aleje el «kanbolaj» (nombre maya del jaguar) de estos lugares y permite que las sombras de mis antepasados mayas ven-

Tzul Taká

gan a visitarme sin que yo los vea. Tzul-Takká, te ruego que me escuches y me concedas lo que te pido.»

Las dos primeras oraciones se rezaban en la época de la siembra del maíz; la tercera, cuando tras agotarse el humus de los campos, el indio tenía necesidad de desbrozar un trecho de bosque para hallar nuevas tierras de cultivo.

En la segunda oración, de una simplicidad maravillosa, el campesino mames pedía protección contra los topos que tanto en los silos como bajo tierra, se comían las semillas, y también contra los animales, como el pizote y la ardilla, y los pájaros locales, como periquitos y sanates, que destruían las cosechas.

La petición al Sol, el gran padre de todos los mayas, para que no dejara llover cuando en las mazorcas se abrían las hojas, tiene aún hoy día un significado claro para todos los labradores del mundo.

La promesa de las siete mazorcas colocadas al pie de la cruz, o sea de los cuatro dioses que simbolizaban los cuatro puntos cardinales, formaba parte de la antigua cabalística maya, de la que poco se sabe.

El 7 tenía un significado especial, si bien se ignora cuál era. Además de las siete mazorcas para los dioses, se sabe que cuando un maya sembraba la milpa, echaba en cada agujero siete semillas: una para el venado, otra para la hormiga (animal sagrado porque al robar un grano de maíz del silo sagrado de los espíritus malignos, hizo posible que el hombre conociera su existencia), una para el sanate, especie de mirlo, una para los periquitos, una para el pizote, una para la ardilla, y la séptima, en fin, para que engendrase la planta.

Otros números cabalísticos eran el 4, pues cuatro son los puntos cardinales, los cuatro elementos: tierra, fuego, agua y aire; cuatro las cavidades del corazón, etc.; y el 13, referido a los dioses superiores, en tanto que eran 9 los inferiores.

En la actualidad, el animismo todavía está inserto en las creencias mayas, siendo aceptado el panteísmo como una gran verdad fundamental.

La plegaria a Tzul-Takká cobra una gran importancia, especialmente en la frase: «No me guía el deseo de causar daño a los árboles, que forman parte de tu cuerpo». La idea panteísta no aflora sólo en las plegarias y rezos, sino que era y es cosa corriente entre las gentes ignorantes, comprendidas las mujeres que nada eran, salvo en las funciones de la maternidad.

ANTIGUA, UNA JOYA NACIONAL

A unos 30 kilómetros de Guatemala capital, hacia occidente, pasado el poblado de San Lucas, la carretera asfaltada se bifurca, continuando directamente para adentrarse en el territorio de los cakchiqueles y las zonas de las tierras altas, habitadas exclusivamente por indios de distintas tribus; en cambio, girando levemente a la izquierda, se llega a no tardar mucho a la Antigua Guatemala, llamada corrientemente Antigua, vieja capital de la antigua colonia española y meta de estudiosos y expertos, así como de los pintores enamorados del Quinientos castellano.

Antigua, pues, es la capital aristocrática de Guatemala, sosegada, señorial, con admirables iglesias, a veces reducidas a escombros por el terrible terremoto de 1773, y de casas patricias de extremada elegancia y simplicidad.

Allí perdura el sabor de la vieja España. Con el escudo de Santiago, de Carlos V, y honrada por Felipe II con el título de «muy noble ciudad de los Caballeros de Goathemala», Antigua fue por espacio de dos siglos la tercera ciudad de América, con una población de más de 80.000 habitantes, cuya mayor parte eran descendientes de la nobleza española como lo atestiguan las armas de las grandes familias, ahora aún visibles entre los escombros. A Antigua la custodian tres volcanes: El del Fuego, el del Agua y el Acatenango. La ciudad misma está situada a 1500 metros de altitud.

La divina reclusa

El trágico final de la ciudad, lógicamente, se hundió en la leyenda, como sucedió con Pompeya y Herculano y, en un plano mayor, con la Atlántida. Dado el carácter particular de Antigua, como centro irradiador de la verdadera fe de un pueblo pagano, todo lo que sobrevive en la voz y la memoria del pueblo presenta el mismo tono de ruinas y religiosidad.

Los fantásticos personajes de capa y espada que parecen pasar silenciosos y embozados por las estrechas calles solitarias, reviven en las antiguas crónicas polvorientas y amarillentas, que yacen en las bibliotecas de Guatemala. Pero la personalidad más legendaria y característica que personifica todo el siglo XVII, es la de una monja que el escritor guatemalteco Máximo Soto Hall llamó «la divina reclusa», pero que se llamaba realmente doña Juana de Maldonado, nacida de poderosa y nobilísima familia.

Siempre han existido, en todos los tiempos y también entonces, hijas desobedientes a la voluntad paterna que, abierto su corazón a un amor imposible, o dominadas por los sentidos sensuales, allí donde tales sentidos más se dejan sentir, habían sacrificado en el altar de Eros su virtud. Casi todas esas hijas acababan su vida en un convento.

España, como en Francia e Italia, contaba con un número muy elevado de jóvenes ardientes e impetuosas, en las que la sensualidad prevalecía sobre la hipócrita moralidad de la época. Lo mismo que los varones, pocas eran las mujeres que lograban gloria, riqueza y felicidad. La mayoría caía a lo largo del sendero, desapareciendo en la lobreguez conventual o entre el anonimato del populacho

Doña Juana llegó a Antigua procedente de México, con tres compañeras, a finales del siglo XVII, a lomos de una mula. El arriesgado viaje había durado casi dos meses, y la bellísima y aristocrática joven andaluza había sido la Juana de Arco de los expedicionarios, animando a los soldados de escolta y a los conductores a lo largo del trayecto.

Asegura la leyenda que cuando el pequeño grupo afrontó la angosta garganta andina, que permite el paso de México a Guatemala, era la temporada de lluvias y el río había crecido de una forma aterradora. Los portadores indios se dieron a la fuga y las cuatro monjas y los veinte oficiales y soldados, junto con el fraile Tomás Gage, que era confesor y acompañante, buscaron refugio en una islita circundada por las turbulentas aguas, y estaban ya a punto de encomendar su alma a Dios, cuando doña Juana imploró a Nuestra Señora de la Concepción:

«Tú sabes, Señora del Mundo, que mi misión es erigirte un templo en la lejana ciudad y Tú sabes el por qué. Tú que viste matar a tu Hijo, y que tuviste la gloria de tenerle en tus brazos y estrecharle contra tu pecho, y conociste en tu inmenso dolor la parte de felicidad que a mí me ha sido negada, ¡que todos conozcan mi vergüenza y mi amor, que todos sepan mi culpa sin perdón, porque concebí y no di a luz, pequé y quise eludir la vergüenza! ¡Que todos me desprecien pero que se pueda cumplir mi misión!»

La leyenda sigue diciendo que la lluvia caía sin cesar y que el agua iba subiendo, pero que alrededor de la islita se levantó un muro de olas y la misma quedó a salvo. Cuando se aplacó la cólera de los elementos, la expedición reanudó su camino sana y salva.

Cuando doña Juana llegó a Antigua, y comenzó la construcción de la iglesia de la Concepción, estaba ya en olor de santidad. Lo cual no impidió que todos se enamoraran de ella. La voz pública afirmaba que siempre llevaba el cilicio y que el día en que se refugió en un famoso convento andaluz,. se ciñó en torno al vientre un terrible cinturón de castidad, cuya cerradura de plomo fundido ella misma había rellenado para que no pudiera ser nuevamente abierta; también se murmuraba que todas las noches la visitaba Satanás, que adoptaba el aspecto del joven al que había amado.

Cierto día, su antiguo amante llegó desde la lejana Andalucía, como oficial del rey. Doña Juana le recibió en su celda de madre abadesa, y cuando él se hubo ido, tras entregar una fuerte suma como contribución a la erección del templo, doña Juana apareció con el rostro velado y anunció que se retiraba a la clausura pues su misión había terminado. Desde entonces, nadie volvió a verla con vida, ni siquiera su confesar que la escuchaba a través de una puertecilla; ni aun la hermana que le llevaba el condumio, mísero y escaso, que dejaba en un nicho oscuro, de donde lo retiraba la desdichada penitente. De este modo, la Antigua del 600 fue un continuo susurro de la «divina reclusa», y su leyenda es ya inmortal.

La «sin ventura»

La Ciudad Vieja, sede de la primera capital de la nueva colonia, que quedó sepultada una noche trágica bajo el lodo que brotaba del volcán del Agua, también tuvo su heroína, aún más romántica que la divina reclusa, y como ésta más conocida por su nombre mítico de «La sin ventura», que por el de Beatriz de la Cueva o por el de su esposo, el conquistador Pedro de Alvarado.

Alvarado llegó a América en 1510, desembarcando en Cuba apenas con tiempo de unirse a Hernán Cortés, que preparaba la expedición que destruiría el imperio azteca de Moctezuma.

Por la capacidad militar demostrada, Hernán Cortés confió a Alvarado y a sus familiares (tenía varios hermanos), la conquista de Guatemala, que llevó a cabo rápidamente bajo la advocación de la Virgen del Perpetuo Socorro, cuya imagen llevaba en las batallas como un estandarte.

Alvarado era buen militar pero también buen amador. Los indios le apellidaban Tonatiuj, o sea «hijo del Sol» por su cabellera dorada y sus ojos azules como el cielo, detalles que entre los indios tenían gran éxito, sin que tuviera que emplear violencia alguna.

Hacía colocar peces hirviendo sobre el vientre de sus prisioneros para obligarles a confesar dónde estaba escondido el oro; había convertido en esclavos a más de mil indios, contrariamente a la ley, para obligarles a lavar la arena de los ríos, siempre en busca de oro y consideraba propiedad personal todos los botines de sus soldados.

Todo esto le habría conducido a la ruina, de no estar dotado Alvarado de una gran dosis de astucia y un excelente arte diplomático. Cuando, tras una serie de denuncias por parte de nobles y prelados, vióse forzado a regresar a España para enfrentarse a un escandaloso proceso, en el mismo obtuvo la victoria. Se había conquistado la protección de un poderosísimo personaje, el duque de Albuquerque, y se había grabado en la mente el retrato psicológico del joven monarca Carlos I, de quien había intuido la desmesurada ambición y el ansia de riquezas como base de su poder. De aquel largo proceso, durante el cual salieron a luz horrores sin cuento, salió victorioso, no porque el acusado negase los hechos, sino porque precisamente reivindicó la paternidad de todos los sucesos, demostrando que no solamente eran útiles sino necesarios. Y partió de nuevo hacia su virreinato, después de casarse con Francisca de la Cueva, sobrina del duque de Albuquerque.

De nuevo en la Ciudad Vieja, Alvarado volvió a las andadas. Y cuando supo que su joven esposa, que había abandonado España para estar con él, había muerto apenas desembarcada en Veracruz, se casó con una princesa india, hija del rey de Tlaxcala.

Su hermano Jorge, administrador de la colonia en su ausencia, matrimonió con una hermana de su flamante cuñada. Pero antes del casamiento habían sido bautizadas las dos jóvenes indias: Luisa, la esposa de Alvarado; Lucía, la del hermano.

Los otros miembros de la familia Alvarado también eligieron esposas indias, para contentar a los curas, que constantemente vociferaban contra su vida pecadora. Por lo visto, en aquellos tiempos el hecho de tener una esposa oficial daba derecho a tener amantes y dedicarse a aventuras pasajeras, porque a partir de entonces los sermones dominicales cesaron como por ensalmo.

En efecto, cuentan las crónicas que, en 10 años, la familia Alvarado puso al mundo 800 hijos. Hecho altamente honorable, si en el curso de otro proceso en su contra, del que también salió triunfante, no hubiera exclamado con orgullo:

«¿Osáis reprocharme haberle dado al rey unos centenares de súbditos fieles en un mundo de infelices traidores? Más de ciento me deben la vida y de ello me siento muy orgulloso. También ésta es la obra de un Conquistador.»

Regresó a España por segunda vez tras haberse desposado con la hermana menor de su primera mujer, doña Beatriz de la cueva. La esposa india había muerto de fatiga durante una trágica aventura en el Perú, donde Alvarado fue con la ilusoria esperanza de acabar con Francisco Pizarro, con un séquito de 3000 guerreros indios, que perecieron todos durante una tempestuosa travesía por los Andes. Al llegar a su ciudad, Alvarado hizo cantar un solemne *Te Deum* en honor de la joven esposa, que avanzó por la catedral dedicada a san Juan Obispo, hasta el altar de la Virgen del Perpetuo Socorro, con dos damitas que llevaban la cola de su vestido, Leonora y Anica, las dos hijas que Alvarado había tenido con su princesa india.

Era ya el año 1539, y tras casi 30 años en América, las sienes de Alvarado empezaban a teñirse de gris, pero aún no se había apagado en su corazón la sed de aventuras y, sordo a las súplicas de su esposa, quiso intentar una nueva empresa, la conquista de las islas Molucas, de las que había oído hablar, pero que nadie sabía dónde estaban. Partió, por tanto, hacia México, a fin de armar una flota. Estando allí, unos españoles le pidieron que les permitiese guiarle a la búsqueda del tesoro de las Siete Ciudades de Cíbola, que al fin parecían haber sido localizadas. Aceptó, pero en un encuentro con unos indios apaches o sioux, cayó bajo el caballo del escriba Montoya, que le seguía desde hacía muchos años, y perdió la vida. Relata la leyenda que cuando el cirujano le preguntó dónde sentía el mayor dolor, Alvarado agonizando contestó:

«En el alma.»

Murió el 4 de julio de 1541.

Cuando doña Beatriz, casi un mes más tarde, supo la fatal noticia, empezó a gritar con suma desesperación. Hizo pintar de negro todo su magnífico palacio, y quiso que todos los cortesanos se enlutaran.

Pero no olvidó su propia ambición: contra la opinión de todos, pero ayudada por su primo Francisco de la Cueva, también sobrino del duque de Albuquerque, obtuvo de don Pedro la sucesión como Gobernadora y Capitana General de Guatemala, y cuando las autoridades le presentaron el documento para la firma, doña Beatriz trazó tres palabras:

«La Sin Ventura».

Ignoraba cuán verdad era esa frase. Por semanas enteras, la viuda estuvo encerrada en su palacio, gritando y gimiendo, yendo a la capilla para acusar a Cristo, haciéndole responsable de la muerte de su amado esposo. Por toda la ciudad se murmuraba que solamente hallaba la paz entre los robustos brazos de su hermoso primo Francisco.

En la actualidad, Antigua es una de las más hermosas ciudades de Guatemala, debido al encanto que emana de sus casas, todas ellas recordando el estilo colonial de la época de los conquistadores, de modo especial en sus interiores, en sus patios, en los claustros de algunos bellos edificios, que hablan de grandezas pasadas, y del sosiego en que discurre la vida entre aquellas venerables piedras. Antigua, por esto, es un paraje de gran atracción turística, que no empaña en absoluto la paz interna que se desprende de sus construcciones ancestrales.

LA PROFECíA DE QUICAB

La especie de demencia de lujuria y desesperación mencionada, no duró mucho. En setiembre, la profecía de un rey maya, Quicab el Grande, que había visto en sueños a unos hombres blancos, que conquistaban su reino, oprimiendo a su pueblo, y había dejado en herencia el secreto de la venganza contra los invasores, se hizo realidad.

Quicab, ya moribundo, ordenó que su cadáver fuese enterrado en el cráter del volcán Hunahpu, que los españoles llamaban del Agua, a fin de humillar a los opresores de su raza.

La noche del 4 de setiembre, después de rugir unos cuantos días, el volcán del Fuego estalló en una violenta erupción, mientras empezaba a caer una lluvia torrencial. Por espacio de 24 horas, la lluvia y el fuego continuaron su acción devastadora y en la noche del 11 del mismo mes, la tierra tembló con una violencia inusitada.

Pareció que todo había terminado, pero la ladera del volcán del Agua se resquebrajó y un río de fango y agua cayó sobre la ciudad. Al amanecer, la primera capital de Guatemala había desaparecido, y de los lagos de barro y agua emergía solamente la catedral de San Juan y el secular templete bajo el que impartían justicia los soberanos cakchiqueles, y a cuya sombra se había depositado la Virgen del Perpetuo Socorro, mientras se iniciaba la construcción del templo.

La Sin Ventura pereció en la tragedia, junto con Anica, la última hija de Alvarado, y once nobles damiselas. Cuando los supervivientes encontraron el cadáver, intentaron darlo como comida a unos perros, pues decían que el terrible desastre era el castigo divino a las locuras de la viuda, a su clamor contra Cristo, y a sus incestuosos amores con su primo Francisco de la Cueva.

El obispo Marroquín evitó el sacrilegio, tal vez porque sabía que el hermoso Francisco iba a ser el nuevo virrey y no podía, ni aun indirectamente, lanzar una acusación de incesto contra él.

Sepultaron, pues, a doña Beatriz en la catedral, en torno a las once damiselas, teniendo al lado a la pequeña Anica.

Leonora, la hija primogénita de Alvarado y la princesa india, se había salvado milagrosamente, estando en una bañera que flotó por las tumultuosas aguas, posándose con suavidad en la falda de una colina. Leonora, por tanto, quedó como única y legítima heredera de una inmensa fortuna, que la joven se llevó a la patria, para transformar la vieja casa paterna de la desolada Extremadura, en un castillo maravilloso, que todavía subsiste.

LA SERPIENTE EMPLUMADA

Los expertos que se dedican al estudio del apasionante misterio de los antiguos mayas, definen al Yucatán como la sede del Nuevo Imperio de la raza, la patria que eligieron cuando emigraron en masa de El Petén y del Valle del Usumacinta.

No obstante, se trata de una definición que se formuló hace bastantes años, cuando los conocimientos arqueológicos e históricos eran aún demasiado reducidos para poder sacar de ellos una conclusión válida, o sea cuando el análisis se había llevado a cabo con cierta superficialidad para poder llegar a una síntesis.

Las búsquedas y los hallazgos de posguerra demostraron que, en efecto, después de la emigración, el Yucatán vio florecer la última fase del ciclo evolutivo de los mayas, pueblo que tenía raíces milenarias. Y la demostración fue tan concluyente que se lanzó la hipótesis de que el Yucatán pudo ser la cuna de la civilización maya y que la gran emigración del siglo IX no fue otra cosa que un retorno a los orígenes de este pueblo, llegado a la península por el estrecho del Yucatán, que lo separa de Florida.

Sigue hoy día en pie la hipótesis de los antepasados mayas, procedentes de Asia a través del estrecho de Bering y Alaska, tras una permanencia en el valle del Mississippi.

El descubrimiento más importante respecto a esta hipótesis fue el de Wyllys Andrews, un apasionado arqueólogo que por espacio de unos veinte años luchó contra el escepticismo de sabios y expertos, todos unidos, como siempre, en defensa de sus propias teorías e hipótesis, como si el honor de un ser humano quedara lesionado cuando se demuestra que su teoría estaba equivocada.

En 1941, Wyllys Andrews, examinando las ruinas de Dzibilchaltún, a unos veinte kilómetros de Mérida, encontró una estructura de la que quedaba en pie un solo muro completamente distinto, desde el punto de vista arqueológico, a todo lo descubierto hasta entonces en el Yucatán. Andrews envió diversas relaciones a todos los centros de estudios mayas de Estados Unidos, pero fueron rechazadas. Sin embargo, no se desalentó y en 1956, regresó a Dzibilchaltún decidido a demostrar que lo descubierto no constituía una hipótesis sino una realidad que no podía ser ignorada.

Esta vez lo consiguió al obtener el apoyo económico de la Sociedad Nacional Geográfica de la Universidad de Tulane y de otras sociedades no menos importantes.

Wyllys Andrews llegó a las siguientes conclusiones en sus tareas:

1. Los mayas de Dzibilchaltún se remontan a varios siglos antes de Cristo.

2. La zona de la ciudad es de unos 50 kilómetros cuadrados, en

forma de rectángulo, con un lado de 12 kilómetros y otro de 4.

3. Se necesitaría un siglo de labor ininterrumpida para reconstruirla por entero.

4. En los edificios más antiguos falta el clásico arco agudo, común a todas las demás estructuras mayas.

5. Uno de los edificios más importantes está provisto de ventanas, ausentes en las demás estructuras mayas.

6. Entre los miles de enseres identificados hay un vaso procedente de Uaxactún.

Esto, naturalmente, no era suficiente para revolucionar todas las teorías e hipótesis corrientemente aceptadas.

Sin embargo, hay que observar que las investigaciones arqueológicas de El Petén apenas habían empezado y que en los últimos años se han identificado nuevos centros sagrados, de los que solamente se conoce su ubicación.

Por otra parte, las búsquedas y excavaciones efectuadas en Tikal y Uaxactún se efectuaron partiendo del concepto cronológico, de tal forma que los expertos han pretendido fijar casi la fecha de la fundación de las ciudades basándose en la más antigua de las inscripciones, cosa que en realidad es mantener un criterio subjetivo.

Hoy día nadie niega que Copán, la ciudad del planeta Venus, se apoye en las ruinas de, al menos, tres sitios de moradas humanas prehistóricas, y es difícil sostener que los primitivos habitantes no fueran mayas, mientras cada vez se acepta más la hipótesis de que las sucesivas generaciones superpusieron nuevas edificaciones a las antiguas a medida que la técnica, la arquitectura y las demás artes iban progresando.

No por esto debe excluirse la posibilidad de que incluso los centros sagrados más clásicos de los mayas, entre los conocidos, tengan sus orígenes radicados en una época más remota de lo que hasta ahora se creía.

Hay un hecho cierto: el nombre y la ciudad de Dzibilchaltún no figuran en ninguna crónica de los conquistadores, estando asimismo ausentes de las relaciones de los arqueólogos de mayor fama, por lo que se puede llegar a la conclusión de que la localidad fue abandonada por su población en una época indeterminada, y tan olvidada que en los días de la gran emigración del Yucatán, su recuerdo debió estar totalmente borrado, puesto que en la misma no hay nada que sea posible atribuirlo a los artistas y arquitectos del llamado «Nuevo Imperio».

En fin, si como parece posible, el Yucatán formó parte integrante de la tierra de los mayas desde los primeros albores del ciclo evolutivo, también fue su tumba: primero, la Serpiente Emplumada, llegada de México con influencias toltecas, devoró uno a uno a los antiguos dioses, o sea el alma de los mayas, terminando fundiéndose con la materia en el culto a Chaac, dios de la fecundación, que simbolizaba la voluntad de pervivencia de un pueblo muerto espiritualmente y que, con las fisonomías más primitivas, predomina hoy día en las ruinas de Dzibilchaltún.

El culto a la serpiente

En todo el continente americano, antes de la llegada de Cristóbal Colón, el culto a la serpiente existía entre los indios de las diversas razas. Resulta difícil saber cómo y cuándo se originó, aunque es seguro que sus fundamentos no fueron comunes, y ni siquiera la serpiente era la misma en todos los pueblos y razas. Si entre los toltecas, por ejemplo, el culto estaba dedicado a la serpiente de cascabel, y la Serpiente Emplumada lo es, entre otros pueblos era la anaconda, o serpiente acuática de la misma familia.

Por boca de un brujo de Honduras se supo el motivo del culto a las diferentes serpientes entre los pueblos indios. Dicho brujo sentía una gran aversión hacia los cazadores norteamericanos que iban a su región a la caza de la serpiente acuática porque, decía, al matar a las serpientes desecaban el pozo en que vivían.

El brujo explicó en cierta ocasión que en la estación seca, el agua se hunde en el suelo y si no hay una serpiente, se forma una capa compacta, a veces incluso de un metro de espesor, compuesta de una arcilla muy tenaz, que en general no se vuelve a abrir ni siquiera en la estación de las lluvias.

En cambio, si en el pozo se halla el «culebrón», tal cosa no sucede porque el animal, agitándose circularmente y entrando y saliendo del pozo lo mantiene abierto, de manera que es posible conseguir agua, a veces a varios metros del nivel del suelo.

En realidad, el culebrón se agita circularmente para quitarse las garrapatas acuáticas, restregando el cuerpo contra las paredes del pozo, manteniéndolo así abierto. En este caso, por consiguiente, el culto de la serpiente se halla íntimamente vinculado al del agua, resultando claro su origen divino.

La serpiente de cascabel, por su parte, nada tiene que ver con el agua, toda vez que prefiere habitar en las zonas secas. Pero su mordedura es mortal y en la selva tropical de la tierra de los mayas, donde tal serpiente abunda, es la principal causa de las muertes. Teniendo presente el concepto religioso fundamental de los indios en general, y de los mayas en particular, según el cual solamente existen espíritus maléficos, que hay que mantener alejados por medio de ritos y ofrendas, la conclusión lógica es que el culto a la serpiente de cascabel tiene sus raíces en este contexto. Y como el crótalo es muy frecuente y su mordedura es mortal, es evidente el motivo de tal culto.

Un indio maya dio cierto día una explicación de carácter esotérico sobre las relaciones entre los crótalos y la Serpiente Emplumada.

—¿Nunca ha observado la gente la «rosa central» de una cascabel, o sea el losange que dibujan las escamas rosadas en el centro del cuerpo? Hay que fijarse bien. Los cuatro lados son de trece escamas y encierran la «flor del Sol»; los cuatro meses sagrados del Yzolkin, el año religioso de los antiguos mayas. Así pues, siendo veinte las escamas interiores, hay que contar: trece por veinte son doscientos sesenta, la duración exacta del año religioso. Por esto, los mayas, en el último período posclásico tuvieron como símbolo religioso a la serpiente de cascabel, porque los motivos de su piel formaban el cálculo del tiempo.

Entre otras cosas, todos los motivos ornamentales de Chichén Itzá, y especialmente de Uxmal, se refieren a la serpiente de cascabel. Los dibujos de los bajorrelieves que ofrecen detalles del reptil, como las escamas, el cascabel y la columna vertebral, constituyen de flanco y seccionada, el motivo predominante en las cornisas de todos los edificios.

Cabe añadir que actualmente los mayas se comen a tales serpientes, hirviendo, por ejemplo, los dientes durante diez días para luego pinchar con ellos la cabeza de quien sufre de jaqueca, afirmando que el dolor huye por el canalito del que surge el veneno. Usan el cascabel para facilitar los partos, apoyándolo en la frente, en el vientre y en el sexo ce la parturienta.

En conjunto, un mal final para la reina de las serpientes, como la calificaban los antiguos sacerdotes maya.

EL HIJO DE LA HECHICERA

Sin embargo, el triunfo de la Serpiente Emplumada no tuvo lugar en Chichén Itzá sino en Uxmal, una ciudad muerta que se asienta a unos 60 kilómetros al sur de Mérida, en la carretera de Campeche, centro sagrado de la tribu maya de los Tutul Xiú y tercer componente de la liga con Chichén Itzá y Mayapán.

Desde la tórrida llanura, en cuyo centro se alza Mérida, se divisa hoy día, hacia occidente, la serie de alturas llamadas todavía Puuc. En ese sitio la maleza empieza a entreverarse con algunos árboles de tronco alto y grueso, y poco a poco, lo que eran matorrales acaban por ser una serie de restos de varias ciudades mayas muertas, caracterizadas por el peculiar estilo maya, cuyo conjunto, repetimos, se llama Puuc, que es asimismo el nombre de las colinas.

Uxmal, que debería llamarse Oxmal, que en maya significa «edificada tres veces», es una de las pocas ciudades mayas de la que se sabe con certeza la época de su construcción como cabeza de partido

En el «Chilam Balam» se lee que el príncipe Ah Suytok Xiú se estableció en el Katún 2 Ahau, el 987 d. C. En el libro Chilam Balam» de Chumayel[2] se precisa que en 1544 habían transcurrido 870 años «desde que fue destruida la ciudad de Uxmal y las tierras fueron abandonadas», o sea en el 674 d. C., siendo ésta la fecha de la segunda destrucción de la ciudad.

De la primera no quedan huellas, aparte de la única prueba material representada por la primera estructura de la pirámide del Vaticinio, en cuyo templo terminal hay otros cuatro superpuestos.

Hay varias teorías respecto a la época en que los seres humanos se establecieron por primera vez en el lugar donde en la actualidad descansan los restos de Uxmal.

La estructura más antigua de Uxmal es, al parecer, el primer templo edificado donde hoy está la gran pirámide que los españoles denominaban del Vaticinio, y en cambio, los mayas llamaban del Enano, nombre que va unido a una leyenda local.

Esta leyenda narra que en un tiempo, entre Uxmal y Kabah, vivía una terrible hechicera que un día dio a luz un enano, del que profetizó que llegaría a ser soberano. El príncipe reinante, preocupado por la predicción que circulaba por el pueblo y disminuía su autoridad, llamó a su presencia al enano y le propuso tres pruebas,

2. Los «Chilam Balam» son crónicas locales redactadas en lengua maya y caracteres latinos. El nombre que les sigue es el de la localidad donde fue redactada una de tales crónicas. Maní y Chumayel son centros populares de Quintana Roo.

asegurándole que si las superaba le cedería el trono, mas si no podía resolverlas el resultado sería la muerte.

El príncipe las enumeró:

1. Tendría que levantar una piedra de dos toneladas.

2. Tenía que edificar en una sola noche una pirámide más alta que las demás.

3. Tenía que romper con el cráneo cien huesos de cocoyol, fruto parecido al dátil.

El enano fue a consultar a su madre la hechicera, la cual le aconsejó que fuese a decirle al príncipe que aceptaba las pruebas, a condición de que si las superaba, el príncipe, al final, debería romper con el cráneo un hueso de cocoyol. Mientras el enano volvía a Uxmal, la hechicera movilizó a los alux, los espíritus de la selva, llamando en su auxilio también al espíritu de la piedra.

Luego preparó una coraza invisible para el cráneo de su hijo.

Éste, mientras tanto, había llegado a presencia del príncipe, a quien comunicó su aceptación de las tres pruebas, con la nueva condición, que el príncipe aceptó encantado. Pero en tanto hablaba, el enano sintió a su lado el soplo del espíritu de la piedra, tras lo cual se aproximó a la mole de dos toneladas y, colocando una mano debajo, la levantó hasta más arriba de su cabeza y la primera prueba estuvo ejecutada victoriosamente.

Al caer la noche, los alux salieron en masa de la selva, llevando cada uno una piedra cuadrada que depositaron en el lugar adecuado bajo la dirección de la hechicera. Y por la mañana, la pirámide que ahora llaman los mayas del Enano estaba erigida.

Entonces, el príncipe, ya muy asustado, quiso presenciar la última prueba y convocó a toda la población. Un mandadero trajo una ánfora colorada y negra, con cien huesos de cocoyol, y cien soldados armados con una maza de piedra se colocaron en fila india.

El mismo príncipe quiso colocar las durísimas semillas sobre el cráneo del enano, de una en una, y cien veces las pesadísimas mazas cayeron sobre el cráneo del enano, y cada vez el hueso quedó triturado. Entonces, el príncipe trató de huir, pero el brazo del enano se alargó extraordinariamente, aferrándolo antes de que pudiera moverse. La hechicera aportó un hueso de cocoyol y lo colocó sobre el cráneo del desdichado príncipe, manejando la maza el enano. El cráneo principesco se partió por la mitad y la profecía se cumplió, ya que el pueblo en peso aclamó por rey al hijo de la hechicera.

De la leyenda quedan dos pruebas en Uxmal: la pirámide y una mole pétrea de dos toneladas, en la que hay esculpidas las escenas del suceso, viéndose al enano pasando la prueba de los huesos y su entronización.

La gente susurra que la hechicera todavía vive en las proximidades de Kabah, donde vende agua a cambio de niños, con los que alimenta a la Serpiente Emplumada. Cerca de su invisible morada hay un ídolo muy antiguo ante el que rezan los mayas, terminando sus plegarias con la ofrenda de tres piedras: para que la lluvia caiga en abundancia, para que la cosecha sea óptima y para gozar de una dilatada existencia.

EL MISTERIO DEL DIOS BLANCO

En un momento impreciso de la historia del pueblo maya apareció en su mitología un personaje, que aún no está claro si fue un jefe religioso, de un reformador o un caudillo, que tuvo acceso al Panteón maya hasta el punto de figurar en todas las sucesivas génesis junto a Itzamná, el señor de los cielos.

Se llamaba Kukulkán o Quetzalcoatl, que en maya y tolteco significa «serpiente emplumada».

La leyenda recogida por primera vez por Diego de Landa, narra que ese personaje llegó a la península del Yucatán desde México, desembarcando en la comarca situada entre Champotón y Punta

Aguada.

Con los itzás, clan maya, que poblaron Chichén Itzá, reinó, pues, un gran señor llamado Kukulkán, que era, al parecer, un hombre hermoso, el cual no se casó ni tuvo hijos. Tras su regreso, lo adoraron en México y el Yucatán.

Finalmente, este misterioso personaje tenía la piel blanca, era seguido por unos veinte mandatarios religiosos en funciones de sacerdotes, e importó nuevos conceptos de religión.

Pero los irlandeses afirman:

> «Cuculcan, asimilado a Quetzalcoatl, no era un dios, ni siquiera mexicano. Era irlandés y se llamaba Brendan Mac Funlogha, del clan Ciar y era hijo de Furgus.»

Los irlandeses continúan afirmando que nació en Tralee, no lejos de los lagos de Killarney, en 484 d. C., y que falleció en su hogar a los 93 años de edad.

De acuerdo con la leyenda relativa a tan misterioso hombre, puede añadirse que efectivamente los noruegos llegaron a América del Norte 500 años antes que Cristóbal Colón. Este es un dato histórico. Pero ¿fueron en realidad los primeros europeos en cruzar el Atlántico?

Mucho se ha hablado y escrito sobre Brendan, el navegante irlandés, aunque quizá tampoco fuese él quien primero atravesó el Atlántico. Las tradiciones de varios pueblos mediterráneos apuntan al conocimiento de un gran continente al otro lado de tal océano.

En realidad, no hay nada improbable en la teoría de que unas embarcaciones navegasen o fueran empujados por los vientos a través del Atlántico, siglos, quizá milenios, antes de que Colón lo hiciera voluntariamente en 1492. En efecto, lo asombroso sería lo contrario, aunque muy pocas tripulaciones debieron volver para certificarlo.

Por lo visto, es cierto que Cristóbal Colón sabía mucho más de lo que admitía acerca de las tierras de Occidente. Y Brendan, o su biógrafo, pudieron conocer asimismo estas antiguas tradiciones.

Esta es una de las grandes dificultades para separar la verdad de la leyenda en su viaje. Los datos circunstanciales pudieron inventarse después de su muerte, acaecida en el 577 d. C., pues durante los siglos siguientes se hallaron en Irlanda diversas historias de viajes semejantes.

Además, si Brendan zarpó de Irlanda para llegar a la mítica isla de la Bendición, el Paraíso de los antiguos, poseía una gran riqueza de tradiciones en qué fundar su creencia en la existencia de tales lugares.

Ya en el 530 a. C., Pitágoras afirmó que la tierra era redonda. Salvo el breve intervalo de la Edad Media, siempre se aceptó la redondez de la Tierra. Más allá del Mediterráneo se extendía un mar, y seguramente habría tierra al otro lado. Esto lo comprendieron los antiguos, por experiencia, por adivinación o por cálculo. Sus mapas y sus declaraciones indican tal conocimiento o creencia.

Los griegos, los fenicios y los cartagineses, zarparon ciertamente para Bretaña, tal vez para Irlanda, Madeira y las Canarias (antes islas Afortunadas). En el año 330 a. C., el mercader griego Pitias, de Marsella, llegó a Bretaña, donde le hablaron de unas tierras del Norte llamadas Thule, a las que llegaría navegando durante 6 días. Halló así una tierra cuyo mar estaba helado y el Sol era visible a medianoche, probablemente Islandia y Noruega.

En el siglo IV a. C., Hecateo demostró conocer Bretaña, que llamó «tierra de los hiperbóreos», refiriéndose a un gran anfiteatro de piedra, seguramente Stonehenge. El grupo de islas situado fuera de las costas de España y Africa era también conocido. Tanto Plinio como Ptolomeo se refirieron al mismo.

El cartaginés Himilco, por su parte, mencionó el «mar encrespado», aludiendo al Mar de los Sargazos, que está al oeste de las

Azores, y en esas islas fueron halladas monedas cartagineses en 1749.

Muchas son las leyendas que indican que viajeros primitivos se aventuraron más allá. La tradición griega está llena de tales referencias. Al emprender su décimo trabajo, Hércules zarpó más allá de Gibraltar, descubriendo el ganado que debía recuperar en una isla, y se trasladó a un territorio llamado «rojo», expresión que sugiere que allí encontró a los «indios rojos» de Norteamérica.

Odiseo, en la «Odisea» de Homero, navega posiblemente por el Atlántico, llegando a las más lejanas fronteras de la Tierra, que llama «tierra de los Cimerios», una zona de brunas y oscuridad, lo que indica que llegó a Bretaña o a Newfounland.

Platón, en su concepción de la mítica Atlántida demostró un gran conocimiento sobre un continente de Occidente.

En su comentario sobre el «Timeo» de Platón, Próculo que escribió hacia el año 435 a. C., se refiere a dos grupos de islas, uno de las cuales cuenta 17, mientras el otro comprende 3 de grandes dimensiones, situadas al otro lado del Atlántico.

Esas tierras recién descubiertas eran unos secretos celosamente guardados en aquella época y su existencia se hallaba custodiada por historias aterradoras sobre los peligros del océano, inventados para disuadir a los rivales de ir en su busca.

Asimismo, los godos que asolaron Europa a comienzos de la era cristiana, según el historiador Jordanes, creían que en la región más occidental del océano, más allá del mar de las algas, había unas islas conocidas casi por todo el mundo, a causa del gran número de los que por allí iban pasando.

Brendan, un monje que hablaba griego y latín, fue el heredero de tan antiguas tradiciones. Estaba persuadido de que existía tierra al occidente de Irlanda, y quizás había confirmado su teoría con el hallazgo de restos flotantes en la costa irlandesa, pues hay pruebas de que ocasionalmente llegaban a las costas europeas extraños objetos, restos de barcos y canoas, y hasta cadáveres.

Se cuenta que a Colón le mostraron los cadáveres de un hombre y una mujer, enredados en unos restos de naufragio, cuando estuvo en Galway, Irlanda, para reunir información antes de emprender su gran aventura.

La historia del viaje de Brendan hacia Occidente era ya una leyenda en Irlanda mucho antes de ser escrita. Los primeros manuscritos datan del siglo IX y es posible que por aquel entonces la historia ya estuviera bastante adornada, quizás inventada.

Resulta muy difícil hoy día saber la verdad que puede estar oculta bajo las capas del mito. Aun así, la historia de Brendan es demasiado vaga para que se pueda afirmar si llegó o no a América. Sí se puede, no obstante, estar seguros que se trata de un personaje histórico, de un sabio, y la tradición irlandesa afirma claramente que era navegante.

La bretona «Vida de San Malo» escrita entre 866 y 877, se refiere a su viaje a las islas de Blest, y en una fuente anterior, la «Vida de santa Columbia», de Adamman (704 a.C.) se le califica de «piadoso» y dice que «surcaba los mares».

Es posible que Brendan efectuase travesías hasta los confines septentrionales del Atlántico, llegando a Islandia, tal vez a Groenlandia y posiblemente al Labrador. También presenta conocimiento de las islas del Sur del Atlántico, Azores y Madeira.

Un hecho apoya la teoría de que estas tierras fueron descubiertas por los irlandeses. Las sagas, que relatan los viajes noruegos del siglo X a Islandia, Groenlandia, Marklandia, Hellulandia y Vinlandia, admiten que los irlandeses ya los habían precedido.

El islandés Ari Frode afirma que la colonia de aquella isla la fundaron los irlandeses. Por su parte, el noruego Landramabok declara que Ari Marson cruzó los mares hacia el 983 a. C., hasta una tierra del «hombre blanco», que algunos denominan Gran Irlanda.

La saga del siglo XIII, «Eric el Rojo», que describe su viaje a

Newfoundland y el Labrador, cuenta que allí habló con gente que se refería a una tierra más lejana, habitada por hombres que llevaban ropas blancas y blandían unos palos a los que ataban pedazos de ropa, lo que seguramente indica a los monjes irlandeses con sus túnicas blancas.

Otra saga, probablemente del siglo XIII, relata la historia de una nave noruega que realizó una travesía a Vinlandia, pero el vendaval la obligó a desviarse de su ruta unos 250 años antes. La tripulación llegó a una tierra donde vieron a unos seres que parecían hablar irlandés, extraordinario giro oral que confirma haber hallado a unos irlandeses en las costas de América del Norte.

Una de las diversas objeciones a la «navigatio» de Brendan es la incredulidad de que un irlandés del siglo VI pudiese construir una embarcación de madera capaz de efectuar el viaje descrito.

Una segunda dificultad relativa a su pretendida hazaña se refiere a que no pudo cubrir las distancias que se indican en su historia a través de un océano tormentoso, con el navío recubierto de piel descrito en *La vida de Brendan*.

Sin embargo, pueden refutarse ambas objeciones. «La vida de Brendan» implica que realizó dos viajes, uno en su bote de piel, y el segundo, la proeza más peliaguda, en una nave de madera.

Sus conocimientos de la navegación debían limitarse a ser guiado por las estrellas, método utilizado por los griegos. No tenía instrumentos que le ayudaran, pero sí conocía los peligros de sus periplos, y seguramente conocía los efectos del escorbuto, pues se llevó consigo distintas hierbas. Es interesante también que llevara tres cuervos adiestrados, seguramente para que buscaran la tierra, según el principio puesto de moda por el legendario y mítico Noé.

Por fin, Brendan llegó a las costas de la actual Carolina del Norte.

En realidad, la única prueba indirecta existente del viaje de Colón a Galway y del de Brendan a Carolina del Norte es ésta: cuando Portugal le cedió a España todos los derechos sobre las islas Canarias, en el tratado se incluyó una cláusula por la que la «isla de Brendan», tierra desconocida, se reconocía española de derecho (Tratado de Alcacova de 1479).

La pista de Brendan-Quetzalcoatl

Cuando Hernán Cortés desembarcó en México, los indios le contaron no sólo la antigua profecía de que un día llegaría de Oriente el hombre blanco con barba, sino la historia de un gran héroe, un hombre blanco que muchos siglos antes había navegado por los mares, con unas «alas» semejantes a las de las naves españolas, y que había permanecido entre ellos siete años, enseñando a los toltecas un sistema de gobierno más benigno y declarándose enemigo del sacrificio humano.

El relato indio fue tan vívido, que Cortés creyó, y con él varios sacerdotes que le acompañaban, reconocer huellas del cristianismo.

Lo cual es otra prueba, afirman los irlandeses, no sólo de que Brendan llegó al Golfo de México sino que se identifica con Quetzalcoatl, reformador religioso.

El *Libro de Lismore* dice también que la aventura de Brendan duró siete años. Y si los indios le aseguraron a Cortés que Quetzalcoatl hablaba con una voz tonante, el citado manuscrito afirma que Brendan poseía una voz que se oía a gran distancia.

Finalmente, los indios lo describieron como un hombre de elevada estatura, barba negra, y embozado en un manto también negro, datos todos que coinciden perfectamente con el manuscrito, que pinta a Brendan con barba, alto y ataviado con un manto negro.

Los irlandeses que intentan hacer de Brendan una figura histórica no se conforman con estas coincidencias y el tema se ha completado yendo desde las hazañas de los navegantes vikingos a las extrañas piedras esculpidas en el valle de Merrimac, en New Hampshire, semejantes a las que hoy día pueden admirarse en Galway, cerca de la abadía de Clonfert, fundada por Brendan.

El único fallo existente es que la época del viaje de Brendan y la de la llegada de Quetzalcoatl al Yucatán no coinciden demasiado bien.

Por consiguiente, incluso con algunos fallos de la historia, es muy posible que Brendan y Quetzalcoatl fuesen la misma persona: un hombre blanco, reformador religioso de acuerdo con sus creencias cristianas, al que los indios, y especialmente los mayas, creyeron un dios venido del cielo, y así, efectivamente, lo convirtieron en un dios, el Dios Supremo.

Una de las pruebas más contundentes sobre la presencia de Brendan en el Yucatán, y anteriormente en México, se halla en un bajorrelieve de Chichén Itzá, en el que aparece con gran claridad la figura de un asno o un caballo, animales que indudablemente no se conocían en América antes de la época en que se asegura haber llegado Quetzalcoatl, o sea Brendan, el navegante irlandés.

Resumiendo: ¿fue Brendan el dios Quetzalcoatl o solamente un navegante que descubrió unas nuevas tierras? ¿Es acaso el viaje de Brendan una historia o una leyenda? ¿Fue Brendan, el irlandés, un misionero iluminado?

Tal vez al correr de los años llegue a saberse la verdad, mas por el momento todo continúa en tinieblas, sin que pueda filtrarse ni un rayo de luz a través de la espesa niebla que envuelve todo lo referente al misterioso hombre blanco llamado Brendan.

CONCLUSIÓN

El pueblo maya, heredero de las glorias de sus antepasados, ha descendido de su cielo y hoy día mantiene relaciones sociales y comerciales con otros muchos pueblos, abandonadas sus ansias belicosas de antaño.

Sin embargo, en lo más íntimo de su corazón, no se han olvidado ni las ancestrales costumbres de sus tatarabuelos ni la adoración a unos dioses que, como tales, son inmortales y no pueden, por tanto, ser desterrados de la memoria de quienes aún hoy día creen en ellos, y celebran ritos y ceremonias expiatorias y propiciatorias, en su honor y homenaje.

El pueblo maya, aunque en número reducido en comparación con la grandeza antigua, sigue vigente en Centroamérica, especialmente en Guatemala, una tierra que los mayas conquistaron por derecho propio con el sudor de su frente y sus creencias religiosas y terrenales, que les alentaron incansablemente en todas sus empresas.

GLOSARIO

Ah Can Tzicnal: Antiguo dios maya del que sólo se sabe que era el símbolo de la Cruz y que su nombre significa soberano de las cuatro esquinas del mundo.

Ah Canul: Antepasados divinos a quienes los mayas veneraban como protectores del Clan Familiar.

Ah Puch: Dios antropomorfo de la Muerte. Una de las cuatro divinidades del Mundo de las tinieblas, que en los códices mayas aparece con frecuencia señalada con el signo de la Muerte. Junto con Itzamná, del que es la antítesis, con Kinich Ahao y con el dios Chac, Ah Puch gobierna el submundo. Considerado un dios maligno, aparecía a veces asociado al dios de la Guerra, y bajo este aspecto recibía un amplio culto, dedicándosele numerosos sacrificios humanos.

Ahau: Símbolo maya del dios supremo, que ocupaba un lugar sumamente importante entre los signos de la escritura maya. Ahau también significaba soberano, rey, gran señor, y se le consideraba una divinidad benévola, sin que jamás se le relacionese con los signos de Muerte.

Alach Uinic: Este término equivale a «hombre verdadero»

Figura en el Popol Vuh junto a los hombres insignes, los héroes y, a veces, al lado del nombre del sumo sacerdote encargado de los sacrificios humanos.

Ariki: Nombre dado a los motivos ciclópeas representados sin cabeza, careciendo de cuello y de cuerpo, y que reproducen, según el investigador Girard, a los Atlantes y los Hércules de la leyenda maya-quiché.

Bacab: Son los cuatro dioses arcaicos sostenedores del Universo, representantes de los puntos cardinales. Una especie de Atlantes que, como sostenedores del mundo, se citan en el códice Chilam Balam; los Bacab no tienen nombres ni números distintos. Son los cuatro dioses que forman parte de la simbología numérica de los mayas que indica la divinidad con cifras. Según el antiguo texto «Rituals of the Bacabs». descubierto por William Gates en 1919, en la cosmogonía maya todo se desarrolla sobre la base del cuatro cuatro son los dioses mayores. cuatro los Hombres verdaderos, cuatro las Eras de los mayas, cuatro los ángulos de los templos y cuatro, finalmente, los colores.

Balam: Término maya que significa Jaguar. En el Popol Vuh se nombran cuatro Balam, de los que dos se citan como Hombres verdaderos, representantes del dios Jaguar. Sus nombres son: Balam Quitzé, Balam Cab, Balam Mahután y Balam Iqui. Se les considera los primeros antepasados de los guatemaltecos, que nacieron por generación espontánea o fueron creados merced a un encantamiento de los dioses creadores, por los primeros abuelos Tepeu y Gucumatz. Como tenían aspecto de seres humanos recibieron el don de la palabra, la vista y la inteligencia, y fueron sabios y videntes. Cuando el creador los envió al mundo para ver de cerca lo que ocurría, los cuatro Balam quedaron gratamente sorprendidos por lo que sus padres habían creado de bello y de grandioso para ellos. Pero los creadores, considerando injusto que ellos no pudieran ver todo lo que podían ver los dioses, disminuyeron su capacidad visual y de este modo los cuatro Balam solamente pudieron distinguir lo que estaba cerca y claro. Así terminó su sabiduría y su prudencia. De los cuatro Balam surgió la raza maya-quiché. Según el otro códice maya, el Chilam Balam, Balam era el sumo sacerdote del culto del dios Jaguar, o bien el dios del mundo subterráneo. En los bajorrelieves que lo representan con signos complicados, incluido el de la concha que simboliza el ojo que escudriña en las tinieblas subterráneas, el dios Balam aparece con un manto de piel con manchas negras, quizá para indicar que originalmente era un dios de las Cavernas o un dios del Mundo Tenebroso.

Bitol: Es uno de los cuatro grandes dioses mayas, llamados también dioses vernáculos. Junto con los otros tres: Tzacol, Alom y Cajolom, Bitol representa el Universo y forma la síntesis reflejada ´por el gran dios Gucumatz. En el Popol Vuh se menciona a los cuatro grandes dioses como espíritus celestes que animan a los cuerpos astrales. Por esto se les considera divinidades solares.

Bloques zoomorfos: Enormes altares de forma ambigua y simbología monstruosa, que los arqueólogos consideran indescifrables.Alguno, como los hallados en Copán y Quiriguá, ciudades de los mayas en la frontera de Guatemala, representa al dios de la Muerte, Ah Puch. Otros muestran serpientes bicéfalas groseramente esculpidas con inscripciones rudimentarias. Los bloques zoomorfos de Quiriguá, datados entre 780 y 785 d. C., figuran entre los mejor conservados. La escultura es casi perfecta y los signos de los personajes y de los dioses tienen rasgos humanos. Entre los signos, encastrados entre motivos florales, se pueden reconocer a los dioses Itzamna, Ah Puch, Kinich Ahau y al pájaro Moan. Otros bloques más toscos se han hallado cerca de Cuzco y Kenko. Estos bloques carecen de signos, aunque sí poseen imágenes de animales mezcladas con símbolos vegetales. Este hecho indujo a los mitólogos a sostener la hipótesis de que los bloques eran para los mayas altares rupestres dedicados a sus antepasados.

Bolonquen: Gran gruta subterránea encontrada en el Yucatán entre Mérida y Campeche, donde al parecer tuvieron culto los 9 Bolontikú, dioses del mundo de las tinieblas. En otra caverna muy próxima se descubrió la famosa «Dama Velada», una estalactita de forma humana denominada Xtacumbil Xunaar («Mujer con velo»).

Bolontikú: Son las 9 divinidades ancestrales de la teogonía maya-tolteca. Según la simbología numérica maya que indica a las divinidades mediante cifras, se llama Bolontikú a los dioses nueve y representan el mundo inferior o Michtlán. Después de los dioses trece, los dioses nueve o Bolontikú son las divinidades más importantes del reino subterráneo. Se les menciona en el códice Chilam Balam, y siempre llevan nombres genéricos precedidos por la cifra Bolón (nueve), como Bolón-Mayel, Bolón-Yocté, Bolón-Tzacab, Ah Bolón Caanchac, Bolón Hobon, Bolón Imic, etc. El único Bolón indicado con un nombre individual es el Mitnal, también señor del submundo, representado a veces por Ah Puch, dios de la Muerte. Algunos hallazgos arqueológicos que atestiguan la verdadera existencia de los nueve Bolontikú se hallaron en el templo de Vaxchillan y en la base oriental de una gran torre de Palenque.

Bruran: Para los mayas de Costa Rica fueron los primeros hombres creados de las semillas, igual que las plantas. Como las semillas de algunas razas humanas se conservaban en cestas de bambú custodiadas por el jefe supremo Sibu, para los dioses benignos, los dioses pérfidos trataron de apropiárselos. Al no conseguirlo, las semillas de las razas humanas se convirtieron en la causa principal de los continuos conflictos entre las divinidades benévolas y las malvadas.

Cabracán: Uno de los últimos gigantes de la mitología maya, padre de Zipacná, asesino de los 40 jóvenes civilizadores. Lo mataron los gemelos Hunahpú e Ixquic.

Calendario de Venus: Es uno de los antiguos calendarios de los mayas. Importante compendio de cálculos astronómicos que formaba parte, junto con los calendario lunar y solar, de la compleja Rueda de los Calendarios, inventada por los mayas para computar el tiempo. Por la precisión con que preveía los eclipses, comprobada por cálculos recientes, el conjunto del sistema calendárico sorprende hoy todavía a los astrónomos. Se remonta a unos 30.000 años, fecha en la que, según los sacerdotes mayas, había sido creado el mundo y está grabado en una gran piedra que antaño se hallaba fijada en la Puerta del Sol, en el centro de Tihuanaco, ciudad andina cercana al lago Titícaca, a 4000 m. de altitud. A diferencia del calendario egipcio, que en el tercer milenio (dinastía tanita, 1070-946 a. C.) subdividía el año en doce meses de 30 días para incluir 360 días, el Calendario de Venus señala 18 períodos de 20 días, más un período de 5 días llamado Uayeb que los sacerdotes definieron como un período vacuo e infausto. El mes maya se llamaba Uinal, 18 uinal formaban el año de 360 días (Tun), que, añadidos al mes Uayeb de 5 días, llevaba el año maya a los 365 días. El siglo maya estaba formado por 52 años. De manera análoga al calendario azteca, los días del calendario maya se distinguían con signos que indicaban nombres y con signos indicando números.

Camazotz: Dios murciélago venerado por los mayas del Yucatán.

Camé: pueblo que vivió en la Segunda Era Cultural de los maya-quichés, del que forman parte los Hun Cané, hijos de Hunahpú, dios maya innovador de las cuatro eras. Los Camé aparecen citados en el Popol Vuh, estando representados con el color negro, símbolo de crueldad. En el Chilam Balam son hijos de un Ahau o de siete señores de una época anterior a la Primera era Solar de los mayas.

Ceiba: Es el árbol sagrado de la Vida y la Sabiduría, según la mitología azteca. Los mayas lo llamaban Yaxché.

Cenotes: Cisternas naturales del Yucatán, a las que se arrojaba a las jóvenes vírgenes ofrecidas en sacrificio al dios Chac, dios de la lluvia, al que estaban consagrados los manantiales. Según los fragmentos de huesos encontrados, también se sacrificaban hombres en los cenotes, así como se arrojaban joyas para propiciar el aspecto benéfico de la Luna.

Centecpatl: Es el cuarto año de la lluvia. Un año de alteraciones según los códices Popol Vuh y Chilam Balam, «cae una lluvia de fuego que todo destruye / la gran Serpiente fue arrojada del cielo / el cielo se precipitó y la tierra firme se hundió / en un momento la destrucción alcanzó su fin.» Un apocalipsis que tiene mucho en común con la desaparición de la Atlántida descrita por Platón.

Centzón Huitznauac: En la mitología maya son los cuatrocientos dioses de la estrella del Sur que tienen sus correspondientes en los Centzón Mimizcoa, representantes de los cuatrocientos dioses de la estrella del Norte.

Centzón Totichtín: Son los míticos cuatrocientos héroes culturales que entre los mayas eran los principales dioses de la tribu tepoztl. Eran muy aficionados a beber pulque, del que abusaban hasta la embriaguez. El mito de los Centzón Totichtín se relaciona con los 400 jóvenes civilizadores muertos por el último gigante Zipacná, mientras gozaban de la embriaguez de chicha, otra bebida extraída del maíz, para festejar la aniquilación de los gigantes. Según el Popol Vuh, los 400 héroes renacerán como estrellas reagrupadas en la constelación de las Pléyades.

Cimalmat: Divinidad de la mitología tolteca nombrada en el Popol Vuh como madre de Ce Acatl, y como esposa del último gigante Zipacná, muerto a manos de los Gemelos. Según la tradición, era la diosa-doncella de Cimalmá degradada al rango de divinidad mortal pues se la acusaba de haber eliminado a su hermano Ihuitimal.

Códice de Dresde: Copia de un importante manuscrito del período maya clásico, hecha en el siglo XI y traducida al alemán por Hans Forstermann en el año 1887. Contiene numerosas miniaturas de los dioses antropomórficos mayas, el calendario sagrado lunar y una bella colección de datos sobre astronomía maya, entre los que figura la asombrosa tabla de los eclipses solares y lunares.

Copán: Era la más meridional de las grandes ciudades mayas, situada a unos 600 metros de altitud en la región que actualmente pertenece a Honduras. Ciudad importante de la Edad de Oro, famosa por su compacta acrópolis, complejo de templos realmente soberbio. Allí hay recintos, plazas, paseos y largos graderíos flanqueados por animales rampantes cuyos mantos estaban antaño ornados por discos de obsidiana. Allí está asimismo el famoso Graderío de los Jeroglíficos, de 9 metros de largo con 63 escalones todos ellos decorados con signos que en conjunto forman una inscripción. Las fechas, única parte descifrada, permiten asegurar que se construyó el año 756 d. C., y entre los numerosos hallazgos realizados por los arqueólogos es notable la estatua del dios Chac, saliendo de una mazorca de maíz. Pero el descubrimiento más sensacional fue el que tuvo lugar en Copán el 4 de marzo de 1977. Los arqueólogos de la Northern Illinois University, excavando en la base de la Pirámide del Belvedere hallaron un nicho que contenía preciosas ofrendas a los dioses, entre las que había una concha con sangre humana coagulada y un cuchillo usado en los ritos sacrificiales para atravesarse el pene de tal modo que se vertiera la sangre en la concha para ofrecérsela a los dioses. También se hallaron piedras grabadas, manufacturas con perlas y objetos de jade, destacando un pectoral con la figura de un dios maya, los símbolos del Sol y del Jaguar, en una cara, y en la otra una divinidad en forma de serpiente.

Gracias al desciframiento de los signos esculpidos en los monumentos de la zona explorada, se pudo asociar los objetos rituales a los sacrificios de sangre a los que se sometía el rey maya con sus mujeres, a fin de dar nuevo lustre a su prestigio oscurecido ante los dioses y el pueblo, o bien para celebrar sucesos especiales, como la ascensión al trono o la muerte de un soberano y también la inauguración de un nuevo templo.

Coxcoctli: Según los antiguos mayas fue el único hombre que escapó al gran diluvio que inundó y destruyó el cuarto mundo. Junto a él se salvó su hermana y compañera sentimental Xoquiquetzal (Pluma Florida), también llamada Tlazolteotl.

Cuerevaperi: Diosa benévola reguladora de las precipitaciones atmosféricas. Las primeras tribus mayas del Yucatán la invocaban en las épocas de gran sequía o de lluvias excesivamente abundantes.

Chac: Antiguo dios tlaloc de Teotihuacán. Divinidad maya del Yucatán, personificación de la Fertilidad. Es una especie de Júpiter Pluvio, malvado en ocasiones, que manda en los rayos y los truenos. Chac es asimismo dios del Mundo de la Agricultura y del Vegetal. Es famoso por el gran número de representaciones en las que aparece, pues en los códices mayas se le nombra unas 218 veces. Con su aspecto de signo de la Muerte se caracteriza por una nariz larga en forma proboscídea, ojos como bolas, orejas terminadas en cuernos, y dientes y colmillos surgiendo de una boca satánica. Como dios fluvial figura vertiendo el agua, símbolo de la fertilidad, en un gran recipiente. Otro Chac está representado por el signo de la concha, símbolo del agua primordial. A Chac, como dios pluvial, se acerca Itzamná Chac, dios solar-pluvial que recibió culto en la ciudad de Izamal, al norte del Yucatán, donde se le dedicaron cinco templos. La figura o el signo de Chac con la nariz proboscídea está presente por todas partes en la arquitectura maya, repetida hasta la saciedad en los ángulos de los templos e incluso en los dinteles de las puertas, como adorno. En la amplia iconografía maya se distinguen cuatro tipos de Chac, representantes de los cuatro puntos cardinales, distinguido cada uno por un color particular: rojo para el Chac de Oriente, blanco para el Chac del Norte, negro para el Occidental y amarillo para el del Sur. A Chac le sacrificaban víctimas en los cenotes.

Chicuna: Es el Ente supremo, creador del Universo, según los indígenas de Nicaragua y otras poblaciones de Centroamérica.

Chichán: Nombre maya del Monstruo de la Tierra que en el calendario lunar azteca figura como la Serpiente celeste o Monstruo del cielo, semi-hombre, semi-reptil.

Chichihuacuahuco: Es el paraíso al que, según los mayas, subían las almas de los niños inmolados al dios Tlaloc. Allí crecía un árbol maravilloso del que manaba leche destinada a alimentar a los pequeños inocentes.

Chuchuhna Huitzicuintli: Es una de las numerosas divinidades mayas encargadas de proteger a los obreros y artesanos. Especialmente, protegía a escultores, ebanistas y carpinteros.

Chilam Balam: Antiguo y preciado texto precolombiano que forma parte, junto con el Popol Vuh, de la rica literatura de los mayas que transmite su historia, la antigua religión y las profecías. El Chilam Balam se debe al autor-profeta Chumayel y se encontró en Mérida del Yucatán en 1780 d. C. De este texto existen varias versiones, siendo la más antigua la escrita en la aldea de Manu. El Chilam Balam hace referencia también a una catástrofe acaecida en un territorio como consecuencia de unos terremotos que lo hundieron en el mar en el año de Centecpatl, cuarto año de la lluvia.

Chultún: Es otro nombre de los enotes, las cisternas subterráneas del Yucatán, donde, además de celebrar el sacrificio de las vírgenes inmoladas al dios Chac, se guardaban los alimentos.

Chumayel: Profeta maya, autor del famoso códice Chilam Balam, uno de los textos principales sobre la historia, la religión y las profecías de los mayas.

Dabuiba: Era la gran madre de los dioses entre los mayas del istmo de Panamá. Se atribuía a su enojo, motivado por los errores de los hombres, el origen de las epidemias y el furor de los elementos. La representaban como una tortuga gigantesca.

Ecalchot: Dios del Viento, venerado por los mayas nicaragüenses.

Ek Ahan: Dios maya de los viajeros y nómadas. Para propiciárselo los hombres le ofrecían plegarias y dones, y a menudo también sacrificios de animales.

Ek Chuach: En la mitología clásica de los mayas era una divinidad menor, patrona de los mercaderes que era objeto de un culto muy difundido, caracterizado por ritos canibalescos. En la época posclásica, cuando los mayas del Yucatán trataron de rechazar a los guerreros toltecas, Ek Cguach se convirtió en dios de la Guerra, y patrono de las luchas intestinas entre los mismos mayas. Como tal se le ve pintado como un signo negro que lo muestra con el labio inferior colgante y un esclavo atado por una cadena. En el códice de Dresde y en el Popol Vuh, Ek Chuach siempre es de color negro, como los demás dioses toltecas allí representados, y se le dibuja en forma de un escorpión, de aspecto militar, que defiende la tierra del desastre provocado por las aguas.

Gemelos: Son los primeros hombres civilizadores de los maya-quichés que, según la mitología centroamericana, vivieron en la era del Primer Sol. Los primeros gemelos fueron Hunahpú e Ixbalanqué, que derrotaron a los últimos gigantes Gurup=Cakih, Cabracán, Zipacná y a la esposa de éste, Cimalmat. Esos cuatro gigantes fueron transformados en los cuatro atlantes sostenedores del mundo.

Itoki: Dios benévolo, venerado por las poblaciones de la Costa de los Mosquitos, América Central. Tenía el poder de dar la vida a los seres humanos y de retomarla al morir aquéllos.

Glifo: Término usado por los expertos para referirse a los signos de la escritura maya, diferentes de los jeroglíficos egipcios. La escritura glífica maya, que no es alfabética, está formada por signos manuscritos en forma de cabeza y cráneos humanos, de animales, divinidades y otros seres extraños. El lenguaje figurado de los mayas, expresado con glifos numéricos para representar el cómputo del tiempo, y con glifos cabeza indicadores de divinidades antropomórficas, se halla esculpido frecuentemente en los monumentos, los frontispicios de los templos y en las estelas descubiertas en los centros sagrados más importantes de la civilización maya, tales como Yaxchilla, Quiriguá y Copán.

Gucumatz: Máxima divinidad de los mayas chorti-quiché. Madre-padre de toda la primordial cosmología mexicana, considerado autor del Popol Vuh, de gran valor literario. A Gucumatz, cuyo nombre significa Serpiente Verde, llamado también Corazón Celeste, se le considera hijo del Sol y la Luna, y el Ente supremo del que derivan las demás divinidades del panteón maya.

Haab o Tun: Nombre que los mayas daban al calendario solar, compuesto por 360 días, o sea 18 meses de 20 días cada uno más un período de 5 días (decimonoveno mes) al que los sacerdotes mayas llamaban Uayeb y consideraban infinito.

Hanhau: Divinidad del submundo según los mayas del Yucatán.

Hapikern: Para los mayas del Yucatán era el principio del Bien en lucha constante con Nohochacyum, principio del Mal.

Hun: Era el primer número de la lengua maya. También significaba único y se daba como nombre al dios Hunahpú. Hunahpú se menciona en el Popol Vuh.

Hun Batz y Hun Chouen: Hijos del dios Ixpicayoc y de la abuela ancestral Ixmucané. Fueron sabios adivinos, inventores de las artes, músicos, escultores y fanáticos del juego de pelota. Según la leyenda, los dos hermanos, movidos por el odio y la envidia, provocaron la muerte de sus padres, atándolos a un termitero.

Hunahpú o Hunab Ku: Dios maya de la cuarta era. Creador del mundo terrestre y de los cuatro Bacab, atlantes que sostenían los cuatro puntos cardinales. En su aspecto de héroe civilizador, Hunahpú renace sobre la tierra y se convierte en dios agrícola de la cultura maya. Se le menciona en el Popol Vuh como dios cosmogónico de la cuarta era, creada por las divinidades superiores tras la destrucción de los tres mundos anteriores. Su esposa era la diosa Ixquic, que era asimismo su doble, y, por tanto, madre y padre del creador y antecesora divina de todas las mujeres mayas. Los primeros hijos de esta pareja primordial fueron hombres imperfectos creados con saliva.

Hunahpú e Ixbalanqué: Son los Dioscuros de la mitología maya. Gemelos civilizadores que descendían de la pareja primordial Hunahpú e Ixquic, señores de la cultura del maíz. Eran protagonistas de muchas empresas entre las que se cuenta la muerte de los últimos gigantes llamados Cabracán y Zipacná. También bajaron al submundo donde un demonio decapitó a Hunahpú. Huracán, uno de los cuatro regidores del mundo, sustituyó su cabeza por otra. De vuelta al mundo de los vivos, los dos héroes terminaron su existencia terrenal con varios milagros y subieron al cielo transformados el primero en el Sol y el segundo en la Luna.

Huracán: Es uno de los cuatro sostenedores del mundo; dios primordial de la Creación que se revela en las cuatro manifestaciones que también son hermanos suyos: 1. el mismo huracán o sea el huracán atmosférico; 2. Cuculhá Huracán, el Rayo; 3. Cipi Cuculhá, el Trueno; 4. Razá Cuculhá, el Reflejo, el rayo más hermoso de color azul. Es el terrible dios de las tempestades que domina a los demás dioses. Le veneraban los mayas de Guatemala. En la estatuaria de Copán los cuatro hermanos Huracán, aparte de representar los cuatro puntales del mundo, sintetizaban la totalidad del mundo natural.

Itoqui: Divinidad benévola, venerada por los pueblos de la Costa de los Mosquitos, Centroamérica. Tiene el poder de dar vida a los seres humanos y de retomarla cuando mueren.

Itzamná: Personificación del Sol, señor del Cielo, dios de la Luz Solar y del Fuego subterráneo. Su mujer era Chantico, diosa del Hogar, protectora del fuego de los volcanes. En los códices mayas se le cita como patrona de los sacerdotes, inventor de la escritura, y de las ciencias en general. El signo de su nombre aparece en el Popol Vuh. En honor de Itzamná se celebraban solemnes fiestas durante las cuales se inmolaban los animales que le estaban consagrados. Su estatua se adornaba con suntuosos vestidos y joyas.

Ixazaluoh: Esposa del dios Hunahpú, personificación del agua. En el Popol Vuh, la esposa de Hunahpú es Ixquic.

Ixchel: Nombre maya de Coyolzauhqui, diosa azteca de la Luna. Para ser fieles a una leyenda preazteca según la cual el Sol, marido de la diosa Luna, había decapitado a su esposa por celos, los mayas representaban a Ixchel sólo con la cabeza, sin pecho. Según el Popol Vuh, los esposos Luna-Sol cayeron sobre la Tierra y llegaron a ser los progenitores de la humanidad. Se consideraba a Ixchel como el símbolo del amor sexual y del libertinaje. Tenía un oráculo en la isla de Cozumel.

Ixmucané: Una de las grandes madres de la mitología de los maya-quichés. Esposa de su abuelo Ixpiyacoc y abuela de los gemelos Hun Barz y Hun Chouen, según el citado Popol Vuh.

Ixpiyacoc: Esposo de la diosa Ixmucané, una de las tres grandes antepasadas que aparecen en el Popol Vuh. El género humano tuvo su inicio en la unión de Ixpiyacoc e Ixmucané.

Ixquic: Otra gran mujer de la mitología maya. Esposa de Hunahpú, con quien engendró a la humanidad trabajando la saliva. Ixquic aparece en el Popol Vuh junto con las otras señoras, Ixchel e Ixmucané.

Ixtab: Diosa maya del Suicidio. Gobernadora del reino subterráneo, protectora de los que se inmolaban voluntariamente por motivos religiosos. En las miniaturas del Códice de Dresde, se la representa por un cadáver con una soga al cuello colgando del cielo, y tiene en una mejilla la marca negra de la descomposición.

Jaguar: Las imágenes del dios Jaguar aparecen en las estelas y monumentos mayas.

Kinebahan: Otro nombre del dios Hunahpú.

Kinich Ahau: Dios del Sol poniente. Es una manifestación maya del dios Itzamná. En el crepúsculo huía del cielo de los dioses superiores para formar en las filas de los Señores de la Noche, habitantes del submundo o mundo infernal. Su compañera era Ixchel, diosa de la luna, que a menudo se le representa con el signo de la muerte.

Ku: Nombre genérico de las divinidades que habitan en el submundo, según las creencias de los mayas.

Kukulkán: Nombre tolteca de la Serpiente Emplumada. Con el nombre de Kukulkán se le veneraba en Chichén Itzá.

Masaya: Diosa de los volcanes, muy venerada en Nicaragua. Los antiguos creían que era ella la que provocaba los seísmos. Para aplacarla le sacrificaban vidas humanas. La representaba una vieja adivina, famosa por sus augurios y oráculos.

Mitnal: Es uno de los nueve Bolontikú, divinidades ancestrales del submundo, que se integran en la teogonía de los mayas. Mitnal, el último de los dioses nueve, era el patrono de una de las regiones inferiores, que los aztecas llamaban Mitchlán.

Mixca: Divinidad protectora de los mercaderes, y la veneran aún los indígenas de Nicaragua.

No Ek o Xux Ek: Era la estrella Venus de los mayas, es decir, la gran estrella vespertina designada en el Calendario de Venus con el número 7 y con el nombre de Siete Xux Ek.

Nohochacyum o Nohochacyumchac: Dios muy antiguo, supremo creador del cielo y. la tierra, venerado por los mayas del Yucatán. Según la tradición, nació de la unión de dos flores y se le consideraba como el principio del Bien en lucha perpetua contra el Mal, personificado por Hapikern.

Opop: Dios menor del vasto panteón de los mayas. También se le llamaba Pop y se le veneraba como partícipe en las fiestas celebradas en honor del dios Jaguar.

Pauahtuns: Apelativo genérico de los cuatro dioses Bacab de la mitología maya.

Pelota: Juego de Pelota que tenía un fondo religioso. Lo practicaban los aztecas y los mayas en un estadio en forma de H. Se jugaba con una pelota de caucho macizo, que simbolizaba al Sol y, por tanto, sólo podía tocarse con las rodillas, los flancos y jamás con las manos. Se decapitaba a los capitanes del equipo perdedor y se colocaban los cráneos en los muros del campo de juego.

PINTZINTECUHTLI: Sinónimo del dios maya Tonatiuh, el quinto Sol.

PIPIL: Tribus originarias de El Baúl, en Guatemala. Invadieron las tierras de los mayas y se proclamaron Pipil. Veneraban al Sol poniente y al Perro Sol, relacionado con el fin del mundo al término de los 52 años fatídicos.

POPOL VUH: Es el más importante texto religioso de los maya-quichés, tras el Chilam Balam y los Anales de los Cakchiqueles. También se le conoce como la «Biblia maya», pues ofrece elementos de cosmogonía, teogonía y astrología, notas sobre las antiguas tradiciones de los mayas guatemaltecos, con la cronología de sus reyes hasta el año 1550. Se desconoce al autor de la obra. Los expertos la atribuyen a algún sacerdote indígena que, tras el influjo cultural de los conquistadores españoles, escribió la obra en su lengua pero sirviéndose de caracteres latinos. El Popol Vuh fue descubierto en el siglo XVII por el padre dominico Francisco Ximénez en la parroquia de Santo Tomás en Chicicastenago, Guatemala, por lo que asimismo se le da el nombre de *Manuscrito de Chicicastenago.* Ximénez lo tradujo del quiché al castellano, con el título de *Historia del origen de los indios y de esta provincia de Guatemala*. En el año 1851, después de casi un siglo de olvido, el abate francés Brasseur Bourbourg volvió a encontrarlo y lo tradujo y publicó íntegramente. Luego, el italiano Felice Cabrera entregó al mundo occidental el Popol Vuh en un libro editado en Londres con el título de «Estro antico americano».

Quetzalpapalotl: Apodo de la Serpiente Emplumada. Su figura, que estaba en la cima de la gran pirámide del Sol en Teotihuacán, estaba bañada en oro simbolizando la resurrección.

Quiché: Importante tribu maya del Chiapas. Se supone que sus sacerdotes fueron los que compusieron el Popol Vuh y los Anales de los Cakchiqueles.

Tajín: Dios de la Lluvia y del Trueno entre los totonachis. Se llama El Tajín a la antigua ciudad sagrada de los totonachis, en las costas del Golfo de México, famosa por su gran pirámide con 365 nichos que representaban a los 365 días del año solar.

Tamoanchán: Era la antigua Teotihuacán, cuando los olmecas adoraban a los pájaros-mariposa. Según otros, es la región de las nubes, el paraíso sobre la Tierra, en el que creían los pueblos mayas.

Temazcalteci: Antiguo dios maya, protector de las aguas y los bañistas.

Tepeu: Es el Ente Supremo de las tribus quichés de Guatemala. Según el Popol Vuh, Tepeu creó a la primera pareja divina, Ixpiyacoc e Ixmucané, que después engendró a la humanidad.

Texistecatl: Divinidad lunar de los primeros mayas. Su atributo era una concha de caracol.

Tlaloc: Es una de las más importantes deidades centroamericanas. Gran dios del Agua de Lluvia, destacaba en el templo del Sol en Teotihuacán. Tlaloc moraba en un paraíso llamado Tlalocán, donde reinaba junto a su esposa-hermana, llamada Chalchiuhtlique.

Al Tlalocán, una especie de Edén, reino de primavera eterna, sólo podían acceder las almas de los guerreros y. las de los muertos ahogados en el mar. Una pintura muestra al dios Tlaloc con un ramo de flores en la mano, mientras penetra en un jardín fantástico cruzado por un río que mana de la boca de un sapo divino. En el fresco del Paraíso de los Animales, de Teotihuacán, Tlaloc aparece bajo la forma de un dragón florido que vaga por el Tlalocán rodeado por enormes mariposas multicolores. El alucinógeno que causaba estas visiones, el peyote, se extraía de un hongo tóxico, todavía comido ritualmente en muchas regiones mexicanas. El agente activo de esa droga, el psicocybin, se mezcló posteriormente con el ácido lisérgico y mescalina, y se usó en psiquiatría como uno de los principales fármacos reveladores de la intimidad humana. El dios Tlaloc recibía culto, especialmente en Teotihuacán, a base de sacrificios de niños, cuyas lágrimas se creía eran presagio de futuras lluvias.

Tlaloque: Hijos de Tlaloc y Chalchiuhtlique. Eran las divinidades encargadas de producir rayos y truenos.

Toh: Es el número 9 muy propicio, según el Popol Vuh. Divinizado y venerado por la tribu de los cakchiqueles del Alto Guatemala, está representado por el signo de su nombre.

Tohil: Antiguo dios del Fuego, venerado por los mayas guatemaltecos.

Tzolkin: Es el Calendario Lunar de los mayas. Es muy semejante al Tonalpohualli de los aztecas y está formado por 260 días a los se llega multiplicando los 20 días de un mes por la cifra sagrada 13. A diferencia de los aztecas, que representaban los días con animales y figuras concretas, los mayas los representaban con signos abstractos.

Tzompantli: es el mural de las calaveras, formado por cráneos humanos, que se encuentra en Chichén Itzá. Del cuello de cada cabeza salen siete pequeñas serpientes que representan la sangre que manaba de los sacrificados.

Uzaklom Katun: Denominación maya de la Rueda de los Calendarios.

Uo y Ampo: Dioses de las Ranas y los Sapos. Los veneraban los mayas en el período del primer diluvio, cuando los hombres se transformaron en peces y ranas.

Uotán y Balam: Así se llamaba en lengua maya el signo del Jaguar. Según el Popol Vuh, Uotán era el apelativo de Tepeyod, esposa del dios Jaguar.

Uucub Kaquix: Jefe supremo de los gigantes que, según la mitología maya, vivió en la era del primer Sol o en la época de la civilización preolmeca. Junto con su hijo Cabracán y otros gigantes intentó atacar la residencia de los dioses mayas y mató a los 400 jóvenes civilizadores que luego ascendieron al cielo transformándose en las Pléyades. Uucub Kaquix y los demás gigantes murieron en una pelea contra los Gemelos. Los únicos supervivientes fueron Cabracán, el sacudidor de montañas, y Zipacná, que a su vez fueron aniquilados por Hunahpú e Ixbalanqué.

Uyitzín: Dios benéfico del Yucatán, personificación del Bien, siempre en lucha contra Usukún, personificación del Mal.

Volador: Nombre que los españoles daban a la ceremonia campestre del Palo sagrado. Era un deporte peligroso al que los mayas y los aztecas daban el nombre de Xocotl y que practicaban en las ceremonias religiosas del solsticio de invierno, en el mes de Xocodhuetzi. Consistía en voltear a cuatro fuertes jóvenes, atados cabeza abajo y colgados del extremo de un mástil. Un quinto joven señalaba el tiempo de las vueltas con un tambor, aumentando el ritmo a gran velocidad, hasta que los cuatro jóvenes formaban una figura semejante a un disco por la velocidad de los giros, o bien se estrellaban contra el suelo. Para los mayas, esos jóvenes representaban a los héroes que vivieron en la cuarta era solar, o a los cuatro dioses Bacab, sustentadores de las cuatro esquinas del mundo. Para los aztecas, los cinco jóvenes del Xocotl simbolizaban las cinco eras solares. Tras la llegada de los conquistadores, el juego del Volador se difundió por muchas zonas de la América Central.

BIBLIOGRAFÍA

Adams, Richard . *Un análisis de las creencias y prácticas médicas en un pueblo de Guatemala.* Guatemala, 1952.

Aguirre, Lily. *Guatemala, my beautiful country.* Guatemala, 1959.

Ancona, Eligio. *Historia del Yucatán desde la época más remota hasta nuestros días.* Barcelona, 1889.

Asturias, Miguel Ángel: *Leyendas de Guatemala.* Guatemala, 1930.

Beltrán de Santa Rosa María, fray Pedro. *Arte del idioma maya.* Mérida, 1859.

Bellotti, Felice. *Terra maya.* Barcelona, 1966.

Beynon, Dr. F. L. *Los dioses, creadores de religiones.* Brcelona, 1968.

Boas, Franz. *The mind of the primitive man.* Nueva York, 1929.

Carrillo y Ancona. *Historia antigua del Yucatán.* Mérida, 1937.

Coe, Michael D. *The maya.* Londres, 1969.

Díaz del Castillo, Bernal. *Verdadera y notable relación de la Conquista de Nueva españa y Guatemala.* Guatemala, 1933.

Girard, Raphael. *Le Popol-Vuh (estudio).* París, 1954.

Guirao, Pedro. *El legado cósmico de los mayas.* Barcelona, 1980.

Gurria Lacroix, Jorge. *Chichén Itzá.* México, 1956.

Macneish, Richard S. *The origins of New World civilization.* Nueva York, 1964.

Marquina, I. *Arquitectura prehispánica.* México, 1951.

MENDIZABAL, MIGUEL. *Ensayo sobre las civilizaciones indígenas de América,* México, 1924.

MONTALBÁN, LEONARDO. *Historia de la literatura en la América Central,* El Salvador, 1929.

MORLEY, SYLVANUS. *Gli antichi maya.* Florencia, 1958.

MOSK, SANFORD. *Indigenous economy in Latin America.* Londres, 1934.

NOVAL, JOAQUÍN. *Tres problemas de la educación rural en Guatemala,* Guatemala, 1952.

SHOOK, EDWIN M. *The present status of reasearch on the Pre-Classic horizons in Guatemala.* Chicago, 1951.

PIÑA CHAN, ROMÁN. *Ciudades mayas,* México, 1938.

RECINOS, ADRIÁN. *Monografía del Departamento de Huehuetenango.* Guatemala, 1913.

REDFIELD, ROBERT. *The Folk Culture of Yucatan.* UNiversidad de Chicago, 1941.

RIVET, PAUL. *Cités mayas.* París, 1954.

SAPPER, KURT. *Das nördliche Mittelamerika.* Braunschwig, 1897.

SOZA, JOSÉ MARÍA. *Pequeña monografía de El Petén.* Guatemala, 1957.

STOLL, OTTO. *Zur Ethnografie der Republik Guatemala.* Zürich, 1884.

THOMPSON, ERIC. *The Rise and Fall of Maya Civilization,* Nueva York, 1934.

VILLACORTA, C. J. ANTONIO. *Prehistoria e historia antigua de Guatemala.* Guatemala, 1938.

WAGLEY, CHARLES. *Santiago Chimaltenango.* Guatemala, 1957.

ÍNDICE

PRIMERA PARTE
Los mayas, un pueblo excepcional

SEGUNDA PARTE
Historia del pueblo maya

OLIMPO

· TÍTULOS DE LA COLECCIÓN ·

1. MITOLOGÍA GRIEGA,
Francesc Lluis Cardona

2. MITOLOGÍA ROMANA,
Francesc Lluis Cardona

3. LEYENDA Y MISTERIO DE LOS AZTECAS,
J. Tapia Rodríguez

4. MITOLOGÍA EGIPCIA,
W. Max Müller

5. MITOS Y LEYENDAS DE LOS MAYAS,
R. R. Ayala

6. SERES FABULOSOS DE LA MITOLOGÍA,
Joseph M. Walker